人生視野：43

面對感情時，可以賊一點

編　　著　艾莉絲
出 版 者　大拓文化事業有限公司
執行編輯　林美娟
美術編輯　翁敏貴

總 經 銷　永續圖書有限公司
劃撥帳號　18669219
地　　址　22103 新北市汐止區大同路三段一九十四號九樓之一
　TEL　（〇二）八六四七－三六六三
　FAX　（〇二）八六四七－三六六〇
　E-mail　yungjiuh@ms45.hinet.net
　網址　www.foreverbooks.com.tw

CVS代理　美璟文化有限公司
　TEL　（〇二）二七二三－九九六八
　FAX　（〇二）二七二三－九六六八

法律顧問　方圓法律事務所　涂成樞律師

出 版 日 ◇ 二〇一三年十二月
Printed in Taiwan, 2013 All Rights Reserved

大拓
Talent Tool

永續圖書 線上購物網
www.foreverbooks.com.tw

國家圖書館出版品預行編目資料

面對感情時，可以賊一點 / 艾莉絲編著. -- 初版.
　-- 新北市：大拓文化, 民102.12
　面；　公分. --（人生視野系列；43）
　ISBN 978-986-5886-48-6（平裝）

1.戀愛 2.兩性關係

544.37　　　　　　　　　　102019890

Chapter 1

戀愛前，戀愛後

Chapter 2

愛情是什麼模樣

攻略愛情的絕對法則

Chapter 4

情人心事不難猜

Chapter 5

當愛情來了

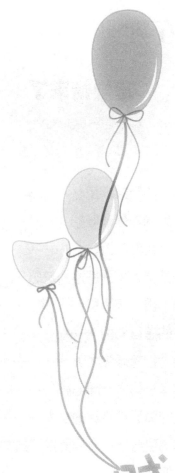

面對感情時，可以賊一點

The Difference Between Men and Women

Chapter 01

戀愛前，戀愛後

人為什麼會墜入情網

　　心理學家費舍爾博士曾經做過一項戀愛的調查問卷，他發現了一個有趣的現象，即使不同年齡、性別、民族、宗教信仰的人，回答問題的結果並沒有太大差異。雖然不同國家、不同種族的人在心理狀態上有所差異，但是戀愛的心理狀態，人類則是達到了空前一致的境界。

　　在原田玲仁所著的《每天懂一點戀愛心理學》中這樣解釋「戀」和「愛」這兩個曖昧的詞：

　　「從語義上來講，這兩個詞的定義非常曖昧，而且不同詞典的釋義也不盡相同。在本書中，我將「戀」與「愛」加以區分，分別進行研究。「戀」，指對某位異性抱有「喜歡，想見面」、「總想在一起」的感情，而且，這種感情得不到滿足的話，會感到非常痛苦。而「愛」，則指「非常珍視對方」、「沒有對方就會痛苦」的感情。此外，「愛」中還包含「獨佔對方（性方面）」的強烈欲望和「為了對方不惜自我犧牲」的強烈信念。也可以說，「愛」是「戀」的高級發展形態。

　　不過，要幫「愛」和「戀」之間清晰地畫一條分界線，是非常困難的。人的感情異常複雜，甚至有「戀」與「愛」共存的狀態。「戀愛」這個詞就是將「戀」與「愛」組合起來的表達方式，兼具兩者的含義。「愛」是一種「珍視對方、不問得失的感情」，基本上只針對特定物件，而「戀」則可以「面向」多個物件。雖說「我愛你們」的表達方式並沒有錯，但這裡的「愛」並不是一種戀愛感情。由此可見，「愛」是一個含義複雜的詞，用法也很多，定義起來比較困難。」

　　其實「戀」也好，「愛」也好，說的都是關乎愛情的事情。愛情是在人類生命繁殖本能的基礎上，產生於男女之間相互傾慕渴望結合的綜合情感體驗和心理活動。嚮往和追求愛情，是每個人的本能和權利。

　　古希臘有個神話傳說：

　　遠古時代，人本來是雌雄同體的生物，叫做「男女」。它有四隻手，四條腿，一顆頭，四隻耳朵，正反兩副面孔，是個膽大妄為的怪物，弄得奧林匹斯山上的眾神忐忑不安。為了安撫眾神，宙斯將它撕為兩半，每半有兩條腿、兩隻手。被分開的「男女」痛苦不堪，忍著痛苦急切地尋找另一半，找到後就糾結在一起，強烈地希望融合為一體。於是，自此以後，世間的男男女女們始終不知疲倦地尋找另一半，

演繹著一段又一段的動人故事。

美國心理學家弗洛姆說：「愛情是對人類生存問題的回答。」也可以說，你是野蠻的生存或文明的生存，病態的生存或健康的生存，都將表現在你的愛情生活中。

愛情是人類永恆的主題，從某種意義上講，它可以造就一個人，也可以毀滅一個人。因此，樹立健康的戀愛心理，學會處理、協調戀愛中的各種關係和矛盾，是戀愛成功、婚姻幸福的必要保證。

研究和觀察顯示，人類的性欲是愛情的動力和內在本質，這是繁衍後代的本能。德國古典哲學家康得，一生從沒有墜入過愛河。不過他到中年時也說過，對異性的傾慕是男女之間其他所有激情的基礎。十九世紀末二十世紀初，英國著名作家靄理士在他的《性心理學》一書中寫道：「戀愛的發展過程可以說是雙重的。第一重的發展是由於性本能向全身釋放……第二重的發展是由於性的衝動和其他性質多少相連的心理因素發生了混合。」

恩格斯認為：現代的性愛，同單純的性欲，同古代的愛，是根本不同的，第一，它是以互愛為前提的，即婦女同男子有平等的地位；第二，性愛常常達到強烈和持久的程度，如果不能結合而彼此分離，對雙方來說都是一個最大的不幸。這就是愛情的真正本質。

所以，愛情就是男女雙方彼此傾慕，並渴望對方成為自己終身伴侶的強烈的、穩定的、專一的情感。

一、愛情是自然性和社會性的統一

曾有人說：「愛情牽涉到兩個人的生活，並且會產生第三生命，一個新生命，這一情況使戀愛更具有社會性，並產生對社會的責任。」所以愛情不是個人的私事，它關係著社會的道德風貌和安定團結，為此，許多國家都有明確的法律規定。

二、愛情是生理滿足和精神追求的統一

完整的愛情應是靈與肉的統一，它既包含生理的吸引和欲望的滿足，同時又有更高的心理需求，是情感的依戀、心靈的共鳴、精神的享受。

單純追求生理滿足是獸性，是對愛情的貶低和扭曲。只強調精神追求是禁欲主義和精神戀愛。完整的愛情是在一定年齡階段完成的，過早，則只能釀出人生的苦酒。

三、愛情是情感體驗和理智認識的統一

愛情是一種美好而崇高的情感，產生的是興奮、愉悅、眷戀、傾慕、激動、癡狂之情，同時又含有理智、責任、價

值、審美等。所以，愛情是情感體驗和理智認識的統一。

愛是一種主動的能力，是一種可以使人突破那些隔閡屏障的能力，是一種把自己和他人聯合起來的能力。愛是給予不是接納。給予不是失去、放棄或犧牲，而是把自己身上存在的東西，如快樂、興趣、同情、諒解、知識等無條件地給予別人。

責任感是一種完全自願的行動，是對一個人的需要主動做出適當的反應。愛情沒有尊敬就會變成支配和佔有。尊敬不是畏懼，是客觀地觀察一個人並能發現這個人的獨特個性，並讓這種個性自由成長。給予、關心、責任和尊敬都必須在瞭解的基礎之上；愛一個人必須深入地瞭解。全面瞭解的唯一辦法是愛的行動。

總之愛情是人類永恆而又常新的話題，而戀愛則是每個人都要瞭解和學習的，知曉戀愛心理，會讓我們在尋愛的路上避開那些荊棘，更順利地找到屬於你的真愛。

喜歡一個人需要理由嗎

　　沒有愛情滋養的人生是暗淡的人生，愛情對一個人來講非常重要。常常聽到有人提出這樣的問題：「喜歡一個人需要理由嗎？」面對這個問題可謂是見仁見智。

　　心理學家認為，喜歡一個人確實是有原因的，並且就這個問題展開研究，下面是為大家介紹的幾個具有代表性的戀愛理由。

一、對性格的喜好

　　性格也是我們尋找戀愛對象時一個重要的衡量因素。簡單地說，任何人都喜歡找一位性格好的異性做自己的伴侶。可是，到底哪種性格算是好性格呢？對性格的喜好存在較大的個人差異，所以不能一概而論。

　　美國學者安德森曾經做過一項調查，研究人們喜歡哪種性格。他準備了五百五十五個形容性格特性的詞語，然後請一百名大學生為這些詞語評分，評分標準分零到六，共七個等級。結果顯示，得分較高的有誠實、正直、善解人意、忠

實、可以信賴、理性、可靠和心胸寬廣等，而得分較低的有愛撒謊、卑鄙下流等。

二、對方身體的魅力

所謂身體的魅力，簡單地說就是一個人容貌和身姿的魅力。你一定認爲這是理所當然的，因爲大家都喜歡漂亮的異性。心理學的很多實驗也證明，身體魅力高的人更容易獲得異性的青睞。不過，並不是所有身體魅力高的人都會成爲自己的戀愛對象。

在大多數情況下，人都願意找與自己身體魅力相當的人談戀愛。雖然大家都嚮往與身體魅力高的談戀愛，但是如果對方的身體魅力高出自己太多的話，我們自己首先就會打起退堂鼓，心想：「對方的容貌太出衆了，我配不上他（她），而且如果我開口的話，一定會遭到拒絕。」於是，人在大多數情況下都會找與自己條件差不多的異性談戀愛。心理學將這種心理稱爲「匹配假說」。

三、瞭解對方心情

在情侶分手時，我們經常能聽到這樣一句話：我根本就不瞭解妳（你）在想什麼！反過來看，也就是說，彼此瞭解對方的心情，對兩個人的戀愛關係是非常關鍵的。當然，在

戀愛開始時，瞭解對方喜歡自己的心情，也是非常重要的。對於喜歡自己的人，人有一種容易喜歡上他（她）的傾向。這叫做「好感的回報性」，即接受了愛情，我們也想用愛情回報對方。

四、與自己行為模式相似的異性

曾經有一對陌生男女，在家用電器賣場的電視機專櫃前被同一個電視節目所吸引。當他們發現對方和自己喜歡同一個節目時，互相產生了好感，後來竟然成了情侶。

當人的價值觀、金錢觀、喜好等相似的時候，容易相互產生好感。人的態度、行為模式的相似性越高，就越容易喜歡對方，這是使人們陷入愛情的相似性原因。反之，情趣愛好、行為模式相差很遠的兩個人，也很難發展戀情。美國心理學家經調查發現，即使一對情侶都喜歡體育運動，如果各自喜歡的專案不同，他們最終也不容易走向婚禮的殿堂。

如果對方比自己稍微優秀一點，即自己對對方充滿了尊敬的話，那麼相似性的效果會加強，自己更容易喜歡上對方。如果兩個人相似性比較多，在談話中能夠找到共同的樂趣，那麼人的認知會達到一種平衡的狀態。如果這種狀態能保持下去，互相之間也會產生好感。

五、社會背景、周圍背景

相信每個人都有這樣的感受，看到身邊的人都在談戀愛，自己的心理也會跟著癢了起來，心理想著「那，我也找一個人談戀愛好了」。其實，用心理學的知識解釋，這是同調行為的一種表現。當周圍朋友中談戀愛的人數逐漸增多時，人的同調行為會逐漸轉變成一種強迫觀念，認為自己不談戀愛不行。結果，降低了自己對戀愛對象的理想或標準，於是很容易就戀愛了。

六、自己的心理狀態

當有一位漂亮、可愛的異性出現在自己面前時，我們不一定會喜歡上對方。自己當時的心理狀態也很重要，當你在心情很不錯的狀態下，就有種想找個人談戀愛的衝動。想找個人陪的心情在心理學上面叫做「親和欲求」，親和欲求也會隨著自己心情的變化而不同，當一個人情緒不安的時候，親和欲求就會高漲起來。

現在，當你回顧自己的戀愛過程，是不是發現自己正是因為上面的原因而被你的戀人所吸引呢？

戀愛中也有首因效應

　　相信大多數人都知道這個心理學效應：首因效應。意思是人與人第一次交往中讓人留下的印象，在對方的頭腦中形成並佔據著主導地位的效應。也就是人們通常所說的「第一印象定勝負」。

　　首因效應不僅使用與人際交往中，在戀愛中也是如此。有句話說：初次見面，就註定了很多事。這話不無道理。

　　阿雅暗戀一個男孩，每天都想著如何與他見面，她常常去男孩路過的地方等候他。終於有一天，她等到了，可是，她等來的不是美麗的邂逅，而是尷尬不已的窘況。

　　那天，她穿著一件寬大的裙子，因為裙子太大使得她看著像一個孕婦，她長長的捲髮毛躁枯黃隨意披散著，看似像一個鳥巢，腳上則是穿著一雙人字拖。男孩見到她的時候眼神裡閃過一絲驚訝，卻非驚喜。而阿雅當下立即就呆住了，她心裡只想立刻找個地洞鑽下去，哪裡還敢和男孩搭訕。

　　阿雅整天想著能與他邂逅，卻根本沒有想過該怎樣營造

美麗的邂逅。男孩沒再多瞥阿雅一眼就走開了，阿雅每天盼望的愛情邂逅，沒有成就驚豔的愛情，相反的，她糟糕的形象卻給對方留下了不好的第一印象。

　　阿雅的經歷告訴我們，在初次見面的時候，一定要做好準備。商務場上的成功人士首先講究的是讓自己看起來像個成功者，那麼在情場上，也要注重自己的打扮。

　　初次見面讓人的印象，是如此的重要，甚至可能決定妳一生的感情。不管與誰見面，提前做好準備，會讓自己更加從容，在感情上也會有備無患。

　　或許，初次見面，妳的服飾、裝扮，妳的一顰一笑就已經讓他認定了──妳就是那個應該出現在他生命中的伴侶，這就是戀愛中的首因效應起的作用。

先下手為強： 瞭解戀愛中的先動策略

　　愛情裡的規則是先動一方佔據主動優勢。不管女方貌若天仙，還是男方英俊瀟灑。

　　在愛情博弈中，只要你把握主動權，採取先動策略，率先表達出自己的愛意，那麼就很可能獲得對方的青睞。

　　有一個男孩非常喜歡一個女孩，但是他就是把感情藏在心裡，不敢說出口，後來另一個男孩子先說了，女孩就和那個先表達愛意的男孩談戀愛了，不敢表達愛意的男孩後悔不已。因為他沒有遵循愛情裡的規則──採取先動策略。

　　電影《新娘百分百》中，大牌影星安娜史考特走進倫敦諾丁山一家小書店，一杯柳橙汁使離婚後愛情生活一直空白的威廉意外地得到了安娜的吻，兩人相愛了。

　　然而威廉是一個羞澀的男人，或者說是一個不會主動的男人。女主角只能主動，第一次去他家裡，出門後又回來；在車站再次邂逅，她邀請他去自己家裡；為躲避記者跟蹤，她到他家裡過夜，也是她主動走到他的床邊；後來因為前男友的介入，她和他有了誤會，到最後，還是她主動上門要求

重修舊好……

　　那個憨厚純良的男人，或許覺得這種幸福是不真實的，就這麼一次次缺乏著愛的勇氣，就這麼一次次躲避著愛情的大駕光臨。

　　所以，那些為這部電影禁不住熱淚盈眶的觀眾，一定是理解了女主角心裡的溫柔和焦急：主動、我得主動，否則我的愛情就要不翼而飛了。

　　或許我們在生活裡也有這樣的經歷，自己心愛的那個人，彷彿永遠不知道自己在渴望什麼，就那麼傻傻地在一旁觀望自己的愛情，像局外人一樣不敢介入。

　　經濟學裡的「先動優勢」，是指在一個博弈行為中，先行動者往往比後行動者佔有優勢，進而獲得更多的收益。也就是說，第一個到達海邊的人可以得到牡蠣，而第二個人得到的只是貝殼。或許妳可以把它理解為先下手為強，比如，第一個對妳說「我愛妳」的人，總是比之後的其他追求妳的人讓妳印象深刻，哪怕妳那時候只是和他在大學校園裡牽了手、散了步，到很老的時候，妳也不會忘記他。

　　但是在愛情中，「先動優勢」往往會形成慣性，妳主動了第一次，以後就得永遠主動下去，妳愛的那個人，彷彿已經習慣了什麼事情都由妳發起，或許個性使然，也或許習慣使然。

因為共鳴和分享式的愛情才會有持久的生命力，當在一場戀愛當中，妳發現對方只是一個道具，而這個愛情故事基本上是妳一個人在拼命流淚流汗唱獨角戲，這是多麼遺憾的事情。

所以，在愛情裡，要耍一點小伎倆，先動了，有了優勢的時候，女方把腳步放慢，讓對方跟上來，兩個人步調一致了，愛情才能經營得好。

《新娘百分百》的結局，威廉鼓起勇氣，直闖記者會，在關鍵時刻對心上人表達了自己的心聲，最後贏得美人歸，這就是進步。

在愛情博弈中，先表白，採取主動是追求戀人最好的策略。

男人在不經意間
會喜歡上這樣的女人

每一個女人，無論容貌是否漂亮，都希望自己是有魅力的，也都或多或少在營造自己的魅力。但是，試想一下，如果無人喝彩，隆重的亮相還有什麼意義呢？所以，不妨聽聽男人們怎麼說。因為無論如何，對女人魅力的評價最多的還是男人。女人們，來看一下男人們欣賞怎樣的女人吧！

一、彷彿永遠長不大、單純快樂的女孩

她自然、純真的天性影響著周圍的每一個人，她熱愛生活、無拘無束，隨心所欲又有些漫不經心。她討厭艱澀和故作深沉，要讓她執著、沉迷於某一件事實在是太難了。

二、自我欣賞、自我沉醉的女人

她喜歡豪華、熱鬧的生活，以施展她社交明星的魅力。她無須去深沉思考，也從不理會生活以外的東西，她為自己而沉醉。

三、溫文爾雅的知識女性

她外表質樸、自然、不事雕琢，內心浪漫，與世無爭，強調個性卻不張揚。只有能夠進入她內心的人才能真正瞭解她，也才能為她所欣賞。她的氣質和教養是她豐富內心的流露，也是她與別人拉開距離的原因。

四、傳統意義上的賢妻良母

她溫柔、內斂、善解人意，安靜、沉著、細膩，注重生活細節。喜歡小孩，家庭是她的人生樂趣。良好的教養和優裕的經濟條件，使她超越了瑣碎和庸俗，她從不羨慕男人和女強人，只專心而平和地折著手裡的紙鶴。

五、熱烈奔放的女人

她像一匹難以駕馭的野馬，奔放、瀟灑、熱烈、不羈，她讓你聯想起一切濃烈和快節奏的感受，她一向簡潔、痛快的作風容不得半點糾纏。她的心太大也太高，凡俗瑣事一概被她忽略掉了，但她骨子裡的性感和精神上的細膩是抹不去的。

六、凌駕於物質之上的女人

她從不因為物質的滿足而放棄精神的追求，相反，物質

基礎使她更有實力建構自己的精神世界。她有洞悉一切的成熟，在亦莊亦諧中遊刃有餘。

七、知性的女人

她意志堅強、說一不二，喜歡掌握局面，聰明而善用頭腦，很少感情用事，不會因衝動而鑄成大錯。她獨立而事業有成，她像男人一樣活著，卻懂得適度施展女性魅力。

八、知足的女人

她對生活的要求並不太高，喜歡輕鬆、愉快、富足地活著，不願意有壓力和波瀾。安於現狀和樂觀的天性使她能夠將青春延續。她單純而敏感，有較好的人緣。

九、女人中的女人

她既古典又浪漫，充滿誘惑又不邪惡，美是她的理想。世俗生活離她那麼遙遠，彷彿她來到這個世界，只為做一個女人。

十、華麗高貴的公主般的女人

她的奢華與她的高貴一樣引人注目，最華麗的場合總是由她出盡風頭。她喜歡那種眾星拱月的感覺，她征服世界的

方式是征服男人。

　　由此可見，在男人的心中，魅力女人有著不同的標準。妳不一定要有傾城的容貌，也不一定要有非凡的才情，妳也不必羨慕別的女人比自己更具有迷人的個性，妳只需要做最好的自己，發揮出自己獨有的特質，那麼妳就會成爲一個具魅力的女人。

為什麼情人眼裡出西施

　　在十九世紀以前，我們的前人還把「三寸金蓮」——小腳當做女性的一種美，而在今天，哪位小姐如裹著小腳招搖過市，恐怕只會貽笑大方。時代不同了，美的標準、漂亮的標準也不一樣了。

　　以現代人來說，對美的視覺也是各有差異，儘管這種差別有時並不明顯，譬如有人喜歡纖細美，有人則欣賞豐滿美；有人選擇粗獷美，有人醉心柔和美。同一個女性，在有人的眼中美過西施，而在有些人的眼裡則不過芸芸眾生。不同的心理感受，跟各人不同的美的標準相關。當然，對絕大多數的人來說，漂亮與醜陋的界限大致上是一致的，因為美畢竟是一種客觀存在，大多數人的審美標準是一致的。

　　「情人眼裡出西施」的心理現象可以說是愛情的必需組成部分，儘管這是一種心理學上所稱的「審美錯覺」。錯覺是對客觀事物的本質聯繫的一種錯誤知覺，有審美錯覺和認識錯覺之分。認識錯覺和審美錯覺是有區別的：認識錯覺，反映的是不真實的客觀情況；審美錯覺是對審美物件深入

體驗之後，審美主體所產生的真實的美的感覺。這種審美感覺在客觀上看好像是失真的，但在主觀上卻是真實的心理體驗。

　　熱戀中的男女對異性美的審視，既針對其外在體貌特徵美，也針對其內在心靈美。心靈美可以彌補外表美的不足，正如托爾斯泰所說的：「人不是因為美麗才可愛，而是因為可愛才美麗。」有這樣一個動人的故事可以證明這一點：

　　伊莉莎白‧巴萊特是十九世紀英國著名的女詩人，坎坷的命運使她與五彩繽紛的生活擦肩而過。多年病痛的折磨使她臥床不起，年近四十的時候仍是孤身一人，但她寫得一手好詩，擁有眾多詩迷。

　　與白朗寧的結識是從一封白朗寧致女詩人的信開始的，在幾個月的密切通信後，巴萊特也收到了白朗寧的求愛信。鑒於自己的身體狀況，巴萊特拒絕了，但白朗寧堅持不懈，終於打動了巴萊特塵封已久的心。兩人見面的時候，白朗寧拉著巴萊特的手說：「妳真漂亮！」白朗寧的意外闖入，使巴萊特原本灰暗的生活出現了斑斕的陽光，更不可思議的是，多年來糾纏她的疾病也有了轉機。

　　在別人眼裡，巴萊特相貌並不出眾，而且身體還不健康，何美之有？可是白朗寧卻在她的詩裡發現了她的內在美，由內向外擴散，巴萊特成了他眼裡最美麗可愛的女人。

這種審美錯覺其實是很有意義的：它使情人發掘出戀愛對象身上更深層的美以補償某種不足，可以推動愛情的發生與發展，而不至於使那引起外表並不美的人終身孤單。但如果審美者本身沒有健全的審美意識，或者這種錯覺發展到過份的程度，會產生消極的作用。正如靄理士所言：「在熱戀中的男女竟會把對方很醜的特點認為極美，而加以譽揚頌贊。」

　　人的價值觀、人生觀是產生審美錯覺的內在原因。正常人總是嚮往美好的事物，並且往往把善良、真誠與美聯繫在一起。美麗的外貌容易引起人們對真、善的聯想，進而產生好感，這是一種自然的心理反應；真、善的內在本質也容易引起人們對美的思考，進而產生美感，這是正常的心理效應。但無論對真、善的理解還是對美的欣賞，都離不開正確的價值觀、人生觀的引導。沒有正確的價值觀、人生觀，就不會達到真、善、美的審美統一，就無法架起連通內在美與外在美的橋樑，甚至內心連對美好事物的追求和嚮往都沒有。如果愛情沒有了正確的價值觀、人生觀引導下的審美，就容易暗藏危機，導致日後婚姻和家庭悲劇的發生。如果審美錯覺有悖於正確的價值觀、人生觀，一旦愛的激情日趨平息，光環效應隨著消失，後悔就為時晚矣。

　　戀愛中的男女，容易被對方容貌的美麗光環迷住雙眼，

而忽視了其美麗外表掩蓋下的靈魂。巴爾扎克曾對這種情況作了精闢的描述：「在虔誠的氣氛中長大的少女，天真、純潔，一朝踏入了迷人的愛情世界，便覺得一切都是愛情了。她們徜徉於天國的光明中，而這光明是她們心靈放射的，光輝所及，又照耀到她們的愛人。她們用心中如火如荼的熱情點燃愛人，並且把自己崇高的思想當做他們的。」

有些人，由於心理的發育還不夠成熟，常常不能冷靜、客觀地審視對方，見其優點而不見其缺點，甚至把缺點也看成了優點。例如有位女子愛上了一個頗為英俊瀟灑的男子，英俊瀟灑蓋過了其他一切。當他有些粗魯時，她卻認為是豪爽；他揮霍浪費，她卻認為是慷慨大方；他有些方面不老實，她卻認為這是聰明機智；甚至他和別的女人勾搭，她還認為這是由於他的魅力所致……直到她最後吃了大虧，才後悔莫及。

熱戀中的人，要正確看待審美錯覺。出現錯覺無可厚非，但要透過正確的價值觀、人生觀來指導和修正這種審美心理。

貪圖眼前歡：男人的罪與罰

　　傻女孩總是天真地以為男人都是因性而愛的，試圖用身體來留住那個男孩。其實這種做法往往不會奏效。男人們最不想讓女人知道的就是，他們會悄悄地在心裡默默地把女人分為兩種類型：隨便玩玩速食型的和適合娶回家當老婆的。一旦他們把妳歸為隨便玩玩的類型，他會不會對妳負責就可想而知了。

　　在偶像劇裡，但凡女主角付出了第一次，男主角個個都是要買帳的，個個都發誓要為她負責到底。但是現實生活不是偶像劇，如果哪個女人在失去了貞潔之後哭著喊著要男人負責的話，肯定會讓他覺得很好笑。

　　有的女孩，天生欠缺愛，欠缺安全感，所以往往很心急，深怕抓不住他的愛，於是糊里糊塗草草獻身，結果被當成了男人炫耀的資本和隨意丟棄的草根。別忘了，我們是生活在一個責任感非常淡漠的時代，男人不想控制自己的下半身，卻從不為女孩的後半生考慮。絕大多數男人自己可以不是處男，卻又要求未來的妻子必須是沒有人動過的。

　　小潔在與一個男人相識不到十天就發生了關係。那天她和朋友說，她和他住在一起了，朋友很驚訝。雖然擔心，但看她一臉幸福，朋友沒多說什麼。她說朋友的擔心是多餘的，那個男人對她很好，朋友笑了笑，沒說話。結果沒多久小潔就被拋棄了！

　　朋友去問那個男人怎麼回事，他和那朋友說：「那個女人啊，沒什麼啊，不合適就分，有什麼啊，不都是這樣嗎？」

　　有百分之八十四的男人表示，帶上床的女人，不一定會娶回家。聰明女人的做法是：她們不會輕易給他們所想要的，但也不會讓男人誤以為她們是老古板女人。她們時常露出一些撩人的小性感勾引男人，卻並不完全滿足他。她們對待男人，永遠都留著一手。留下的那一部分，就是男人永遠感到神祕，永遠想著要攻克的堡壘。

　　很多女孩將自己毫無保留地奉獻給了對方，自以為無比高尚，但男人們通常並不領情，甚至因此對妳失去了興趣。不要把自己的全部身心交給男人，有些保留，才會有幾分期待，有幾分神祕感，才會有下一次的驚喜。

男人為什麼
把結婚和戀愛當成兩回事

　　在婚姻殿堂的鮮花和掌聲中，與男人相伴終生的女人，往往不是曾經與他山盟海誓的那位。也許妳會說，那是因為各種外界條件的阻撓，使有情人不能終成眷屬，但男人心裡並不是這樣想的。

　　很多男人在談戀愛的時候，並沒有結婚的打算，他們的戀愛是純粹的戀愛，他們在談戀愛的時候，總是想著可以和更好、更合適的女人結婚。在某些男人心裡，戀愛其實和運動、賭博差不多，是一種活躍身心的娛樂。這對為愛付出全部情感的女人來說多少有些殘酷，卻是一個事實。

　　不過，男人這種總想找下一個的心理還只是表面的自我安慰，因為男人一到了結婚年齡，無論是社會的還是家庭的壓力都會接踵而至，他們自己也在結婚與不結婚的矛盾中掙扎。事實上，他們的深層心理是不想結婚的，他們覺得，在單身時期能無拘無束、盡情玩樂，一旦結了婚就不可能再如此縱情了。從新婚開始，青春——那些陽光燦爛的日子將成為過去，一切將被家庭這一框框所束縛，凡事都不能像以前

那樣隨意自在。

當某個朋友即將結婚時，男人會不由自主地感到些許傷感和同情：「唉，這傢伙，好日子也要結束了。」

由此，似乎可以得出這樣一個結論：男人們只在乎自身的快樂。其實反過來說，男人覺得結婚後再也不能隨意遊玩這種想法，本身就是重視家庭的一種心理反應。

女人有一句常用的臺詞：「你讓我如此喜歡你，卻……」這句話也有值得推敲之處。讓對方狂熱地愛上自己，男人的確應該負部分責任，但不是全部。對某人是否喜愛，原本是由自身意識決定的，不能簡單地歸咎於對方的責任，因此這種說法並不恰當。

另外，需要申明的是，我們這裡講的戀愛是指男女雙方認真投入的戀愛，而不是那種愛情遊戲。如果這一點不事先說清楚，以後容易導致誤解。

對於戀愛，男人希望能忠實於自己的感情，忠實於自己所愛的女人，同時又不願陷得太深，最理想的是能將它作為美好的回憶一直保留。所以當女人要求結婚時，男人往往會如此辯駁：「我是說過喜歡妳，可我沒說過要和妳結婚呀！」男人以此作為脫身之由，可女人往往並不接受這一套。她們常常會向各方面求援，或向朋友們哭訴，透過各種各樣的手段來促使願望得以實現。一般情況下，尚無結婚打

算的男人爲遠離這樣的麻煩事，就儘量與二十歲左右的年輕女子交往，因爲這一年齡段的女子同樣渴望享受單身的自由，自然不會急於結婚。

聰明的女人要知道，男人除了想和女友約會外，還想去旅行、爬山、喝酒，這些願望同樣強烈。而過了一段與女友不見面的日子後，他們又會急切地想見女友。從這個意義上，說男人是一種任意性很大的動物一點也不爲過。男人的任意性便是在考慮事情時容易只從自身角度出發，女人若同男友生活過一段時間，便會對此有較深的瞭解。

總之，男人的戀愛和結婚是兩碼事，因此結婚時選擇其他女性毫不奇怪。但不是所有的女人都能理解並接受這種屬於男性的「戀愛不一定都是爲了結婚」的規則，因此，爲了避免被傷害，在戀愛過程中妳要確定妳的男友是否仍然保有「不結婚」的想法，如果有，最好儘快脫身，尋找一個想跟妳結婚的那個男人。

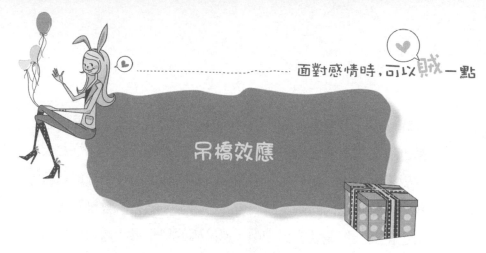

吊橋效應

電視劇中有一個男追女的慣用橋段：

女主角獨自走夜路，這時候突出從黑暗中竄出兩個蒙面歹徒，女主角嚇得尖叫逃命，不過還是抵不過歹徒的窮凶惡極，就在這關鍵一刻，男主角以迅雷不及掩耳之勢出現，把兩個歹徒打得落花流水，之間還沒有從驚恐中平靜下來的女主角一下子倒在了「英雄」的懷抱，除了對英雄感激涕零，還心生愛慕……

這是一齣真正的英雄救美，也許這只是男人為了追求女人而拉來好兄弟排演的一齣假戲，不過無論如何，效果達到了。其實，這是運用了心理學上的「戀愛的吊橋理論」。

在戀愛心理學上有一個非常著名的實驗：加拿大心理學家達頓等人分別在兩座橋上對十八到三十五歲的男性進行問卷調查。一座橋是高懸於山谷之上的吊橋，吊橋距離下面的河面有幾十米高，而且左搖右晃，非常危險；而另一座橋是架在小溪上的一座堅固的木橋，高度也很低。心理學家先讓一位漂亮的女士站在橋中間，並由這位女士負責對男士們進

行問卷調查。然後，讓接受實驗的十八到三十五歲的男性過橋，並在橋中央接受問卷調查。做完問卷調查後，那位女士會對男士說：「如果想知道調查結果的話，過幾天打電話給我。」並將自己的電話號碼告訴給男士。結果，數日之後，給這位女士打電話的男士中，過吊橋的男士遠比過木橋的男士多。為什麼過吊橋的男士會有這樣的行為呢？因為他們把過吊橋時那種戰戰兢兢、心跳加快的感覺誤認為是戀愛的感覺了，而戀愛也會令人心跳加速。這就是所謂的「吊橋理論」或者「戀愛的吊橋理論」。

戀愛的吊橋理論說明：恐懼會激發人的情欲。這也就不難解釋，妳會在和異性朋友看完一場恐怖電影或是坐完雲霄飛車後，為什麼開始會對他平添幾分好感，這都是戀愛的吊橋理論在發揮神奇的作用。所以，如果妳和妳的戀人正在因為交往中過於平淡而不知如何是好，不妨一起出去玩一次驚險遊戲，或者是到電影院享受一部最新上映的恐怖電影，相信你們的愛情一定會擦出不一樣的火花。

外界的阻撓 成就轟轟烈烈的愛情

　　相戀的男女，可能還沒有到非對方不娶不嫁的程度，可是當遇到外界的阻力時，反而會促成他們的姻緣。在心理學上，這種現象被稱為「羅密歐與茱麗葉效應」。

　　一般情況下，我們會認為那些沒有阻力、受到親人朋友祝福的愛情，會發展得比較順利。實際上，越是受到外界的阻力，越能加深戀人之間的感情，比如羅密歐與茱麗葉。

　　《羅密歐與茱麗葉》是著名戲劇家莎士比亞的經典作品之一。

　　故事發生在十四世紀的義大利，男女主角來自兩個積怨很深、相互爭鬥的家族之中，這兩個家族的獨生子和獨生女羅密歐與茱麗葉相愛了，雖然他們的愛情受到多方阻撓，但是這兩個年輕人決心衝破重重障礙，將忠貞的愛情轟轟烈烈地進行下去。

　　在這個故事中，羅密歐與茱麗葉的家人越是反對，兩個人的感情似乎越是深厚。

　　在電視劇中，我們也經常會看到這樣的情節：當有情敵

出現時，自己對戀人的感情會變得更加強烈。以前可能並不覺得自己的戀人有多好，但是，當競爭者的出現使自己的戀人益發完美。

關於這種現象，心理學家給出了科學的答案。當兩個相愛的人受到外界的阻擾時，兩人的心理都會產生一種不快感，要消除這種不快感的心理效應就開始發揮作用，兩個人會將戰勝困難的力量錯當成愛情的力量，把戰勝困難的成就感轉換成戀愛的力量。

不過，出人意料的是，很多為了躲避家人的反對而私奔的情侶，那些演繹了轟轟烈烈的愛情的男女主角，最後成就的婚姻很多都以離婚而告終。這是因為，受外界阻力而激發升溫的愛情，往往經受不住現實的考驗。兩個人一旦遇到現實生活的挫折，愛情就容易破碎。

女人喜歡的男人類型有很多，她們大多也能自己詳細的把這些男人應該具備的特點羅列出來。但是，當幸福來敲門的時候，她們就忘記了自己的擇友要求，在不經意間喜歡上了這樣的男人。

一、認真工作的男性

一起工作的同事，容易培養出戀愛果實。因為他們長時間一起相處，有著共同的工作目標，甚至連發牢騷、說壞話都能找到共同話題。長期相處下來，能修成正果，也就不足為奇了。

而在緊張狀態下努力工作的男性，在女性眼中更是充滿了無限魅力。當男人全神貫注地做一件事時，渾身散發出的專注與思考，本身就是一種迷人的魅力。而那些毫無怨言、埋頭苦幹的男性，給女性留下的更是強大、可靠的印象。女性在不經意間就會想：這樣的男人，這麼的認真，一定也能給我安全感，也能帶給我優質認真的愛情。其實，很多女性

想從男性那裡得到的就是安全感和可靠感，而男性努力工作的樣子剛好可以讓女性聯想到這兩種感覺，因此會不經意地引出女性的愛意。

所以，提醒一下那些和女朋友在一起工作的男士們，在工作中千萬不要表現出懈怠或散漫，否則會讓人留下不可靠的印象。

二、聰明的男性

一般的女性，儘量有些小聰明，但是在碰到大事時，往往沒了主意，這時候，就習慣於也希望有個人為自己做決定，所以，一個聰明的老公是必需的。而且，從女性的角度來看，聰明的男性可以讓自己發現從未瞭解的世界，開闊自己的視野，自然容易吸引女性的目光。

此外，和聰明的男性在一起，他就可以透過女性的小虛榮、小野蠻等有點小惡劣的秉性而直指善良、單純的內心，所以可以避免各種各樣的麻煩和紛爭。因此，女性本能地會選擇聰明的男性作為終身伴侶。

三、稍微年長的男性

很多女性認為比自己小或者同齡的男性有點「靠不住」，所以自然而然就會喜歡比自己稍大的男性。女性容易

對稍微年長的男性產生好感。因為，稍微年長的男性在經濟方面和精神方面都比較穩定，這正好符合女性尋求安穩的心理需求。而男性如果太老，又會與女性有代溝，缺乏必要的精神交流，所以，稍微年長的男性備受女性青睞。

四、認真對待男女關係的男性

相信每個女性，最渴望的都是找到一名「優質」的老公，白頭到老，廝守終生。因此，沒有女人會喜歡輕浮的、不負責的男性。女性都希望對方能夠認真對待彼此之間的關係。如果判斷對方並無意與自己發展長久關係，或者對方是個不負責任的人，那麼不管多麼愛他，很多女性都會果斷地提出分手。畢竟，誰也不想浪費自己短暫的一生在這樣的人身上。希望男性瞭解這一點，以免在交往中傷害到女性。

五、高收入的男性

新幾內亞和澳洲等地有一種名為「園丁鳥」的鳥類，雄鳥在求偶時會用樹枝搭建「涼亭」，並用貝殼、羽毛等色彩鮮豔的小物品裝飾其間。雌鳥會選擇自己最喜歡的鳥巢，並與鳥巢的主人交配。由此可見，在生物界，高收入、能力強的雄性也會受到雌性的青睞。

鳥類尚且如此，何況人類？如果男性收入高，社會地位

相應的也會高，生活品味也不會太差。嫁給這樣的男性，首先，日後在物質生活方面將後顧無憂，自己和子女都能過著穩定、富足的生活。而且，也有時間和錢去滿足自己的精神追求，何樂而不爲呢？

女人味是吸引男人的魅力所在

所謂女性的魅力，也就是女人最有別於男人的性別特徵，簡而言之，就是性感。卡耐基曾說：「我認爲女人的性感並不是如何去吸引男人，而是憑藉自身的無窮魅力將其發揮到極致，吸引男人的目光並不十分重要，只有吸引男人們的心才是完美地詮釋了性感。」卡內基給出了他認爲性感的特徵：

一、添一點異國情調

很多人都會被異國情調中那份野性及神祕等因素吸引著。女士們可以穿戴富有民族色彩的衣飾、留一頭又直又長的長髮（不妨讓它有點淩亂美）。也可以給自己多一點精力及一點時間去流浪，這就是涵養一份異國情調的最佳方法。

二、感性與性感

性感與感性從來都是相輔相成的。一個感性溫柔的女人，無論思考、語調、一舉手一投足都更細膩和更具感染

力。

三、添一點醉意

微微的醺醉不但爲面頰添上緋紅、爲眼神添上份朦朧美及柔和美，亦能釋放在日間、在辦公室時鎖著的性感與坦蕩之美，但謹記不要過了頭。

四、涵養野性的心

若妳不是外表野性，涵養一份內心的野性一樣叫人覺得妳充滿魅力甚至有份神祕感。而所謂野性可以是愛冒險、愛嘗試新事物、愛幻想及隨時豁得出去實踐夢想。

五、懂彈奏或跳舞

懂玩樂器及跳舞的人總會流露一份夾雜著性感的感性與溫柔，而這份意念其實比性感更誘人。如男人彈琴、吹薩克斯，女人拉小提琴或大提琴，若跳西班牙舞、探戈時流露委婉或冷豔的眼神，更能殺人於無形。

六、擅用眼波流轉

無論是憂鬱的、迷惘的、縹緲的、懶洋洋的、天真帶笑的或眼中藏著火焰的，只要有神韻及充滿流盼，眼波便是性

感的發源地。

七、呢喃軟語繞耳邊

法國人之所以被譽為最性感的民族，正是因為法國人表達時充滿感性及跌宕有致，而法語又像一種呢喃軟語。在適當地方停頓，加強節奏感，並藉韻律帶領聆聽者漫遊於妳的思維裡，這種像叫人與妳的思維一起舞蹈的說話風格，不也是一種性感嗎？

八、沉浸無邊思海中

很多人雖其貌不揚，但一旦沉浸在無邊「思海」中，臉上自會不期然地多了一份韻味。那些把眼神拋得遠遠的，嘟著嘴或微微側著臉、托著腮的表情就更惹人多望一眼。

九、陽光膚色

凝肌勝雪的膚色固然如成熟的新鮮桃子，叫人垂涎，但一身陽光膚色配上苗條的身材，何嘗不能散發野性的性感呢？

十、讓小孩子心性活在心底

曾經，西方流行「sexy as hell」的冷酷性感，但在主張返

璞歸真的大趨勢下所擁抱的性感卻是「sexy as angel」。先讓內心有若孩子般的好奇、天真與熱情，妳才能在眼神裡流露夾雜著純真及孩子氣的另類性感。事實上，碧姬‧芭杜、瑪麗蓮‧夢露、麗芙‧泰勒等本身都帶有孩子氣，再配合其魔鬼般的身材，湊在一起便是「sexy as angel」式的性感。

性感的女人是最具女人味的，性感也是女人獨特的氣質，男人往往會被性感的女人吸引而留戀忘返，有人說性感是女人與生俱來的，但是其實如果在生活中注重培養，妳也能變成一個性感及有女人味的女人。

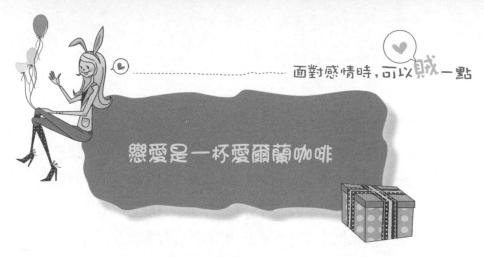

戀愛是一杯愛爾蘭咖啡

　　不知你是否看過《愛爾蘭咖啡》這本書。在書中講述了這樣一個動人的愛情故事：

　　一個在都柏林機場做酒保的人邂逅了一名空姐，頓生愛慕。他覺得她像愛爾蘭威士卡，他擅長調雞尾酒，希望她能喝一杯他親手調製的雞尾酒，但那女孩只喝咖啡，後來他終於想起了辦法，把愛爾蘭威士卡和咖啡結合在一起，取名為「愛爾蘭咖啡」——這個過程非常考究，威士卡和咖啡要有一定的比例，要有一定的火候——一年後，這位女孩才點到愛爾蘭咖啡，當他第一次替她煮愛爾蘭咖啡時，因為激動而流下了眼淚。他用眼淚在愛爾蘭咖啡杯口劃了一圈。所以，第一口愛爾蘭咖啡的味道，帶著思念被壓抑許久後所發酵的味道。

　　又有哪一個女人，可以嘗到這樣精心配製，這樣長久等待，這樣有恒心和沒有要求任何回報的男人的愛情呢？在這

個快速的現代社會裡，誰還懷念愛情的執著？

電話、簡訊、電子郵件、網路聊天的工具……科技把我們的戀愛生活變得越來越快捷和簡單。敲敲鍵盤，一封信就飛到了地球的另一面，隨便一個符號，就能告訴對方你是哭是笑。資訊化時代，不僅使人們的工作效率提升了，生活節奏加快了，就連對待感情的態度，也都簡而化之，進入了直接的快速愛情時代。

據杜蕾斯（Durex）全球性愛調查發現，全世界有百分之四十五的人曾有過一夜情的經歷，某週刊稱百分之四十點八的男女承認曾一夜風流，更有百分之六十八點三九的人表示嚮往，同時網路普及也成為人們解決生理需要的溫床。在這種情況下，談戀愛成了短跑，恨不得一步到位。

按照佛洛伊德的精神分析理論，「一夜情」的欲望源自「本我」的呼喚，是人性本能的流露。所以，一夜情也是一種本能的欲望，渴求它也是人之常情，然而，「一夜情」更多的目的是為了宣洩和舒緩壓力，這也是在競爭壓力頗大的「城市病」。

比起「不在乎天長地久，只在乎曾經擁有」的戀愛模式，「愛爾蘭咖啡」式的慢熱愛情更注重「秦時明月漢時關」。它認為愛情需要時間慢慢培養，需要花前月下，需要浪漫和詩歌，需要耐心和等候，需要守護和堅持。

　　當感情的表達走向速食化之後，愛情也許會像漢堡一樣，被大口吞掉卻嘗不出滋味來。當速食時代的愛情在見面才一次就以生死時速般的速度奔上床，甚至八分鐘約會一次時，慢熱愛情的擁護者則堅持認為，感情需要慢慢培養。

　　我們也許真的無法理解現在日益「速食化」的戀愛趨勢，也許我們更欣賞梁山伯與祝英台那種似溪水般清澈雋永地流向大海的愛情。那麼，就在漫長的戀愛旅程中相互瞭解，相互融合，讓愛情成為你的那杯獨一無二的「愛爾蘭咖啡」。慢慢地去品味醞釀在其中的思念和苦澀，同時也去體會那杯含淚的咖啡裡雀躍的動心。那樣，你會發現，戀愛的整個過程，是那麼豐富和無盡，似乎成為了一個謎，但是卻讓人甘心沉溺。

　　在這個追求「速食化」愛情的時代，我們忽略了許多單純的美好與清淡的喜悅，越來越深地陷入浮躁與淺薄的氛圍。愛情是什麼？夕陽下、馬路邊、公園裡，那些滿臉溝壑、滿頭銀髮的夫婦們相攜的身影，才是愛情真諦的最好詮釋。

　　愛著的戀人們啊！讓你們的感情更有「歷史」和內涵，別讓愛索然無味，踐踏了它的彌足珍貴之處。

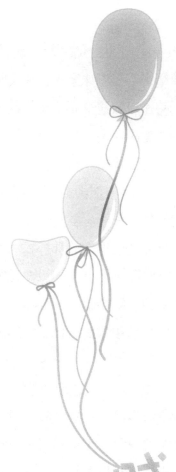

面對感情時，可以賊一點

The Difference Between
Men and Women

Chapter 02

愛情是什麼模樣

完美愛情為何大都以悲劇收尾

「傳說中有一種鳥，牠一生只歌唱一次，為了唱出勝過夜鶯的歌，牠把自己釘在最尖最長的荊棘上。人世間有一種情，一生只能擁有一次，為了在這情海中沉浮一夜，人們也許會殺人、自盡甚至褻瀆上帝。」

《荊棘鳥》裡的這段話，讓人心裡有股決絕的浪漫。

愛情太過於難得，有的人終生都無法遇到相愛的那個人，有的人錯過了就無法再次得到真愛，所以一旦遇上，便願意付出生命，願意犯一切錯誤。

《呼嘯山莊》裡的希斯克利夫，他的愛是那麼的狂暴、激烈和蠻橫。他將刻骨的愛，化為了銘心的恨。恨，因愛而變得瘋狂；愛，在恨中得到了昇華！他就像那隻把自己釘在荊棘上的荊棘鳥，不顧一切地撲向了「地獄式」的愛情。他因愛生恨，遷怒並憎恨每一個曾經阻撓了她和凱薩琳相愛的人（儘管這一切他也有責任），整日帶著兇惡而猙獰的面孔。他對凱薩琳的愛永遠都是那麼的強烈和任性。直到他離

開這個世界的時候，他的臉上才掛著讓人無法理解的微笑
——他在幻覺中看到了心愛的凱薩琳，露出了舒心的微笑。

是否每一段完美和炙熱的愛情，都會以悲劇的結局作為
殉葬，還是因為這本書的作者艾米利·勃朗特至死都尚未得
到愛情？米利·勃朗特三十多歲就死了，她的詩「世上唯獨
我，活著無人關心，死後也無人哀悼；自從出生，就沒有人
為我生一絲憂愁，露一絲微笑」讓人有種莫名的心痛。

愛情，真的太過於稀少。也許正是如此，《鐵達尼號》
裡的傑克才心甘情願地讓他對蘿絲的愛隨同他自己的身體，
一起永遠埋藏在兩千五百米以下的大西洋冰冷的海底，祝英
台才義無反顧地與梁山伯同生同死，化為蝴蝶雙雙飛。

細數一下，那些完美的愛情大都只能用淒美和壯烈來形
容，能得到完美結局的只是極少數。為什麼相愛的人不能廝
守終生，為什麼唯美的愛情最終總是以悲劇的結局收尾呢？
是悲劇更具有激盪靈魂的美感，還是另有原因？

如果用經濟學的原理來解釋，可以叫它「吉芬商品現
象」。這種現象是由英國統計學家羅伯特·吉芬最早發現
的。一八四五年，愛爾蘭發生災荒，馬鈴薯價格上升，但是
馬鈴薯需求量反而增加了。這一現象在當時被稱為「吉芬難
題」。英國經濟學家馬歇爾在其著名的《經濟學原理》一書
中詳細討論了這個問題，並在分析中提及羅伯特·吉芬的看

法，進而使得「吉芬商品」這一名詞流傳下來。

　　吉芬商品指的是，價格上升反而引起需求量增加的物品。根據需求法則，消費者對商品或勞務的購買數量一般隨著價格的上升（下降），市場需求量將減少（增加）。吉芬商品所顯現出來的特性顯然有違於一般商品的正常情形。

　　這種情況多發生在像馬鈴薯這類低檔商品。馬鈴薯價格上升導致消費者變窮了，收入效應使消費者想少買肉多買馬鈴薯。同時，由於馬鈴薯相對於肉變得更為昂貴，替代效應使消費者想購買更多的肉和更少的馬鈴薯。但是，在這種特殊的情況下，收入效應如此之大，以至於超過了替代效應，結果消費者的反應是少買肉，多買馬鈴薯。

　　與愛爾蘭的馬鈴薯類似，完美的愛情也因其能同時滿足極低的替代效應和極高的收入效應而成為愛情中的「吉芬商品」。

　　梁山伯的心目中，祝英台是絕對無可替代的，多少金銀財寶都無法替代他對祝英台的一片真情，所以祝英台在梁山伯心中的替代效應是極弱的。而祝英台願意離開名門望族的家庭跟著梁山伯私奔，可見梁山伯佔據了她無窮大的收入，而且顯然收入效應極高。雙方的家庭越是阻止他們，他們在一起的難度就越大，對於梁山伯來說，祝英台價格就變得更高了。但梁山伯不但沒有減弱他對祝英台的愛意，反而激起

了更加強大的愛情力量，顯然是需求反而增加了。當他們兩個家族對他們施加的阻力越來越大，大到無法逾越的時候，梁山伯只能用他的全部收入，也就是他的生命來換取他所需要的最唯美的愛情，祝英台也一樣，所以他們最終選擇以生命為代價換取愛情的永恆。

在現實生活中，女孩們在尋找自己的愛情過程中，也難免會遇到「吉芬難題」的上演，這也從另一個角度說明了，完美的東西往往是要付出昂貴的代價。愛情與生命孰輕孰重，恐怕每個人心中都有一把尺，真心地希望女孩們能夠擁有一份以喜劇收尾的完滿愛情。

為什麼適合戀愛的男人那麼少

　　常常聽到很多女性朋友都在感歎：身邊的男人不少，但適合談戀愛的男人卻幾乎沒有！尤其是年齡稍大的女性，更是非常極端地懷疑適合戀愛的好男人是不是都已經絕種了。爲什麼會出現這種狀況呢？歸根究底，還是女人的「挑剔」惹的禍。而這種挑剔，也就是我們常說的「完美主義心理」。

　　年輕時，女人看身邊同齡的異性，個個都乳臭未乾，過於幼稚。等年齡稍長，同齡的男性也成長爲有魅力的男士了，但這些「大器晚成」的男人們，一般不會找同齡女性做伴侶，雖然這些女性往往個人能力非常優秀。他們選擇結婚物件時，看重的條件基本可以歸結爲「年輕，同時有結婚意願的女性」。這種現象在世界上其他國家也普遍存在，據說世界上三十歲以上的離異女性中，百分之四十的人終生無法再婚。原因就是，因爲同年齡段的離婚男人都選擇比自己年齡小的女性。

　　這樣最後剩下的就只有三十多歲的未婚女性了——正是

那些曾經在二十多歲的時候有能力拒絕結婚、自我意識較強的這一類女性。女人因為不斷地自我成長，所以會越來越有魅力、有價值。不過令人悲哀的是，不管她們多好、多出色，市場對她們的有效需求卻是嚴重不足的。

其實，尋求幸福的戀愛是尋求快樂的一種方式。現代女性的壓力更大，但是活動空間也更大，社會給予的認同和寬容也更大了。所以，她們更需要去尋求戀愛的快樂，發現快樂的戀愛。

現在，越來越多的女性懂得打造自己的黃金身價，追求不低於男人的地位和自尊。所以，她們以自己「漂亮」、「聰明」、「富有」等原因過濾了一個又一個男人，抱著「我要找到自己心目中的白馬王子」的心願把自己年輕的資本消耗掉了。或者，即使女人選擇了一個情侶，但是她又會覺得「下一個或許更優秀」，把自己當成公主，認為皇帝的女兒不愁嫁，又硬生生剪斷了自己的紅線。可到最後，當妳拿著自己的那截斷線再去找其他人時，已經晚了。其實，不是適戀、適婚的男人太少，而是女人自己不去勘探和開墾。男人就像油田，等著妳做好一切的準備，然後再去行動探索。

因此，如果妳想晚點戀愛或結婚，就需要制定明確的目標。也就是說，妳要明白自己在這段時間裡到底要達到什麼

目標。要不然，年輕女孩們就會在這段時間內成長起來，形成強大競爭力，搶走妳錯過的好男人。或者，妳可以在「庫存品」中尋找被埋沒的寶石。不過，這個方法通常需要更多的努力和運氣。

如果妳不是單身主義者，就應該跳出以前的老套觀念。妳要準備好「找一個好男人，戀愛、結婚，然後過著幸福生活」，這樣才能擁有一段美好的戀情。

別以為下一個男人會更好

　　初戀時，人人都在往前看，明明身邊的這個人已經很好了，可是卻不甘心，總覺得下一個男人可能會更好。當一個個經歷過後才發現，最好的那個已經錯過了。年輕女孩個個心比天高，如果不曾經歷自己想經歷的一切便嫁作人婦，即便婚後幸福也過的不踏實。

　　雖然每一段戀情都是全新的開始，但是人們在戀愛中的心態往往不會有太大的改變，還是過去那一套戀愛的方式，不過是換了一個物件而已，如果每次分手都是因為相同的原因，就該停下來想想是不是自己的問題了。

　　有位女孩活得相當驕傲，其資本有兩項：一是她長得晶瑩剔透，一副魔鬼身材加上一張天使的面孔；二是家境優渥，父親是銀行經理，母親是大學教授。

　　她確實有足夠的理由讓眼睛只往天上看，可是她周圍的同學都不生活在天上，所以，她便找不出任何理由把他們放在眼裡。她的美麗與出身還是傾倒了一批各懷心思的男孩

子們，但她從不對親近她的男同學表露任何的好感，偶爾被追得不耐煩了，她才會對他們說：你們都不是我心儀的男朋友，我的男朋友將是一個「獨一無二」的人。

後來大家才知道，她所說的「獨一無二」的意思大致是這樣：要有拳擊時的體格、美男子的長相、比爾蓋茲的財富，除此之外還要有博士學位……

這「獨一無二」的標準一公佈，她的身邊立刻清靜了很多。一群逃兵落荒而去，邊逃邊暗自疑惑：符合這標準的男人還能是人嗎？

她自己也心知肚明這要求很苛刻，但她有相當的恒心和信心，在此方面她表現得極為執著，她一直嚴格按照當初所定下「獨一無二」的要求去尋尋覓覓，她從昨天一直找到今天，從今天又找到明天，至今仍是獨身一人。

獨身至今的原因，就是這位女孩太驕傲了。女人把自己放得太高，反而很難感受到屬於平凡人最普通的幸福。無論是戀愛還是婚姻，一旦真心投入，就不要輕言放棄，沒有人是完美的，如果因為一點點小問題就分手，那麼這個世界上不會有所謂的美滿的愛情。放棄不必要的浪漫與幻想是一種明智，成天盼著更好的一個在下一站等妳，是不現實的。總是抱著這樣的心態，即便最好的那個人出現了，也察覺不

到。最終，只會一次又一次地錯過，耽誤了自己，也耽誤了別人。要懂得珍惜現在，珍惜眼前人。

　　事事追求完美的女人，總是看到對方的不足，總是認為適合自己的男人還沒有出現。其實，世界上本無完美這件事，在愛情中，完美更是虛幻的相信，如果一味追求完美，妳可能會錯失真愛，所以，如果不想受傷，別把希望寄託在下一個男人身上。

愛或被愛，這是一個問題

「愛我的人對我癡心不悔，我卻爲我愛的人流淚……」正如歌詞中所表達的困惑一樣，煩惱於戀愛中的人總是覺得找個愛我的人還是我愛的人，是個讓人十分糾結困惑的問題。他們感覺著痛苦與甜蜜的拉扯力量，爲「該選哪一個」而費盡心思。

經常會聽到身邊的時尙女性深情地感言：找一個愛我的人做丈夫，找一個我愛的人做情人。這種觀點也漸漸成爲很多人的婚姻法則。但是，這種觀點有一個顯而易見的前提，那就是愛我的人和我愛的人不是同一個人。

生活中也有很多女性不斷在抱怨：爲什麼我愛的人不愛我，而我又無法愛上愛我的人。儘管現實殘酷，我們爲什麼不能理想一點，希望可以尋覓到一個我愛也愛我的人；我們爲什麼不能積極一點，行動起來，讓愛我的人與我愛的人合而爲一，就是讓自己愛上愛我的人，讓我愛上的人愛上我。說來說去，以上無論是理想的想法，還是積極的行動，可能都無法擺脫造化弄人的厄運，無法改變現實中我愛的人不是

愛我的人的情況。

　　小葉和男朋友在一起三年多了，他經常對她說的一句話就是：「我真是拿妳沒辦法。」他的意思是他不可能會不愛她。他的這句話，和他經常對她的好，讓小葉十分感動。小葉也非常珍惜男朋友對她的愛，他們終於決定了婚期。

　　可是最近，小葉在一次外出旅行中遇到一個人，她才知道，原來「對我好」和「我喜歡」完全不一樣。喜歡一個人，沒有道理，身不由己，她就像是一個睡著的人，突然被水晶棒點醒，睜開眼一看，原來愛一個人這麼好啊！

　　認識了他，小葉才發現自己也會心疼人，也會體貼。小葉想到過要跟男朋友分手，可是她實在於心不忍。但是錯過了他，她可能再也遇不到對她這麼好的人了。

　　小葉的媽媽很生氣，說她不知足，說結婚就是要找一個對她好的人。可是她姐姐說，世事難料，誰能保證男朋友會一輩子對自己好，萬一他中途變心呢？她就慘了。而且找一個自己喜歡的人結婚，才會悉心經營婚姻，才能讓婚姻幸福長久。

　　於是，小葉猶豫地徘徊在兩個人之間。

　　其實，徘徊原本就是一種選擇，它意味著我們並沒有

真正愛上任何一個人。戀愛是一門學問，之所以可貴，就在於它和其他的功課大不相同。人的一生中，幾乎所有的功課都是靠自己的努力就可以追求到某種程度的進步，唯獨愛情不同，它必須是兩個人同時付出，而且努力的程度，最好能夠並駕齊驅，不要有太大的落差，否則就不容易感覺幸福。這種愛情的彼此付出和收穫，在心理學上被稱為社會交換理論。

感情的事畢竟是自己的事，沒有人能脅迫當事人在僅有的兩個不合適物件中，做出二選一的決定。如果那位交往多年的男友，無法激起她願意為愛付出的熱情、勇氣與智慧，很顯然，他也不會是真正適合的人。

無法改變外在環境的時候，是不是就應該試著去改變一下自己的想法和做法？是不是我們對愛情的要求太高，才會讓我愛的人和愛我的人分離？那麼，到底什麼才是真愛，沒有人能說得清楚，但有一點是肯定的，那就是並不是所有的人都能得到真愛。希望越大，失望也會越大。這樣，我們何不索性降低一點對愛情的期望，順其自然，勿要強求。

是不是因為我們無法得到某個人，才會覺得自己最愛的是他呢？如果是這種原因造成了我愛和愛我不能一致的話，那麼，適宜的做法應該是儘量放下從前的感情，如果條件允許，應該改變一下自己的環境，比如：換個工作、換個城市

發展，打開心扉，在新的環境裡開始一份新的感情。

　　如果，妳期望找到一個又愛妳，妳也愛的人，就不要受到那些消極觀點的暗示，自然從容地去找尋自己心目中的真愛。

　　戀愛或者結婚物件，不是選擇一個好的，而是要選擇一個適合自己的。妳在做決定之前，不妨先問自己幾個問題：

一、我是不是一個喜新厭舊的人？

　　是不是交往久了，習慣對方的付出，就變得理所當然，忘了珍惜、感恩，忘了互動、回饋？

二、我是不是一個懶得溝通的人？

　　雖然對方願意付出，但他給的，卻不是我想要的，所以我才漸漸失去了感動？

三、我是不是一個自私自利的人？

　　有人對我好，我都覺得是應該的，當我偶爾願意對別人付出時，就覺得自己犧牲了很多？

四、我是不是一個斤斤計較的人？

　　當我在付出與回饋之間，尋找不到適當的平衡點時，就

會想到要放棄？

　　其實，選擇適合的物件，當然很重要，但比這個更重要的是：瞭解自己究竟是個什麼樣的人，內心真正需要的究竟是什麼。認識自己，才知道自己適合什麼！面對選擇時，才不會三心二意。放棄不適合的選項時，才不會覺得可惜。激情過後理性跟上，短暫的激情不代表可以永遠，無論是愛妳的人還是妳愛的人都要透過時間來驗證。

姐弟戀為何大行其道

「老女人」和「小男孩」的情事，很多人都接受不了，可是最近西方媒體卻公然打出了這樣的旗號：「每一個自信的女人都需要一個小跟班！」注意，這裡說的是女人而不是女孩，是幼齒小跟班，而不是社會上的精明男人。

女人的身上總是帶著母性的，充滿了保護的欲望。「小跟班」這個稱呼，充滿了曖昧，但誰都不能不承認，當我們說出這個詞的時候，腦海當中閃現的很可能是一個青春唯美、略帶羞澀的乾淨的笑臉，他可能是《情書》中的少年藤井樹、《豪傑春香》中活潑搗蛋的李夢龍、《甜蜜蜜》中叛逆卻又體貼的雷子……成熟的女人，很容易在他清澈的目光裡淪陷。

老草代表人物之一《輕熟女》是介於熟女和生澀女之間的一類女性，她們有著更加細膩的心理狀態，對待感情和兩性關係，既成熟穩重又充滿了青春的幻想。她們有一定的經濟基礎，不依靠男人也能很好的生存下去；她們有一定的職業規劃，做什麼事情都顯得很有條理，即使是對待兩性

關係，她們也希望能夠遵循一定的規則，而不是單純的女人依靠男人，女人成為男人的附庸。這類女人，不會有一夜情但希望有情人，她們不需要鑽石來度量愛情，而是希望真正的實現心與心的對接，是真正渴望愛情能夠擺脫世俗的一群人。

嫩牛典型形象《幼齒男》剛好能夠帶給輕熟女這種愛情的美感。這個充滿了物質欲望的都市常常讓人覺得厭倦，只有人與人之間冷漠而又殘酷的競爭，卻看不到絕世的深情，這完全不符合輕熟女對愛情的想像。

而幼齒男對待愛情的乾淨和純粹，能讓輕熟女不知不覺地放下心裡的戒備，走進溫馨而又甜蜜的情感世界。幼齒男同時也能帶給輕熟女一種榮譽感，他可能像我們的孩子一樣，在我們的期待中逐漸的成長和成熟起來。從孩子般清澈的目光到一個被人仰慕的男人的審視，幼齒男的蛻變過程能讓輕熟女變得驕傲和自豪，而這種心理上的滿足，完全不是鮮花和鑽石的虛榮能夠填補的。

輕熟女和幼齒男的戀愛，是都市裡新鮮的「老草吃嫩牛」的戀愛組合。這樣的戀情讓人既沉醉，又有一種冒險感！因為幼齒男的青澀，難免會有一些任性、調皮和叛逆，他們可能會很容易受到身邊朋友的影響，而跟輕熟女的關係時常處於依賴和被依賴的關係。這時，對於掌控戀愛主導權

的「大姐姐」來說，就是一種挑戰了。

那麼輕熟女應該怎樣去應對這樣的局面，將艱難的愛情變成一塊福田呢？最好的答案可能就是：要像姐姐一樣去引導他們！既然年紀上不佔優勢，那麼那些專屬於小女孩的任性和胡鬧自然應該遠離她們。「姐姐戀人」要做的就是展現姐姐般的幹練、智慧和溫暖，要展現的是一股「熟蘋果般深厚的香味」，而不是鮮花膚淺的流香。要在男人疲憊的時候張開溫暖的懷抱，用姐姐般的善解人意來緩解他的壓力和抑鬱。雖然女人外表柔弱，但骨子裡卻帶著幾分韌勁，隨著閱歷的加深，這種堅強會越來越明顯，也因此會變得對男人更有包容力和理解力。

為什麼這種「姐弟戀」會逐漸有它的流行趨勢呢？從女性的角度來說，「關懷強迫症」易於導致發生「姐弟戀」。「關懷強迫症」原意是交互依賴，這裡指「依賴別人對自己的依賴」。即總是不自覺地不斷向別人提供關懷和幫助，從對他人的這種關懷和幫助中，得到滿足和自我認同，享受由此產生的道德優越感，否則就會有強烈的自責和痛苦。當女人在心理上出現這種傾向時時，她們就很容易轉嫁這種關懷給比自己小的男人。

而從男性的角度來看，成熟的女人是心靈的捕手，理性但不衝動，會疼人，也更懂得含蓄。所以，成熟的女人更

容易成為男人的紅粉知己，知冷知熱，懂得把握分寸。給關懷，但不給藉口；給感動，但不會讓男人變得衝動。小美眉掌握不好火候，自己本身就是易燃物，遇上的男人如果同樣是氧化物，那麼兩個人之間的愛情就會變得很危險。

輕熟女能夠在事業上給予小男人幫助，她們懂得拿捏人與人之間的關係，對工作和人生有著獨到的見解。小男人在遇到迷惘的時候求教，輕熟女會不自覺地拿出耐心來指導，這種被人需要的滿足感，就如同母愛的無私。但是輕熟女並不會對小男人過於寵溺，她們會懂得三分愛留給自己，七分愛留給男人。這樣不但不會讓小男人有過多的壓力，同時也是一種力量的積存——即便是那七分愛被男人全部揮霍了，自己也還保留著三分熱度。

從心理的角度來看「姐弟戀」，女性作為主體，往往是「母性」在起著關鍵作用，表現為對他人的關愛，這是有生物學基礎的。女性在新生命的孕育和哺乳過程中，把這種特徵延伸到生活中，成為「姐弟戀」的心理學基礎。戀愛的形式各種各樣，如今也不再是大男人當道的時代了，「大女人」「小男人」的戀情帶著一陣酸甜的檸檬味，撲向了都市的霓虹！

為什麼一百分的女人遇不到一百分男人

　　和兩個朋友上街購物，迎面走來一個相貌平庸、裝扮沒有品味的男人，摟著一個如花似玉、裝扮時尚、有著天使般笑容的女孩。其中一人等他們剛一過去就說：「那男的一定是有錢人，把那女的包養了，那女孩看起來是滿純的，沒想到也是一般庸俗！」

　　這樣的對話或是類似的想法，應該存在於我們很多的年輕人當中。為什麼「郎才女貌」的佳偶總是少數，而現實中的看起來並不般配的戀人卻相處和諧。難道這真的是因為「女方圖錢、男方圖色」的結果嗎？

　　在看到這句話的時候，很多美女肯定會大喊冤枉。這一點可能跟傳統男人的性格有關，主動追求女人對他們來說也是一件非常困難的事情。有一位「剩男」在接受記者採訪的時候很坦誠地說：「每天在上下班的路上，至少可以發現二十個符合我心意的女孩，問題是，我確實不知道如何去接近她們。」社會越來越開放，人們卻是越來越封閉，相對封閉的性格使很多人面對著熙熙攘攘的人群無可奈何。

其實在一些優秀男人的內心隱藏著一種約拿情節。他們自我否認、自我漠視。面對心儀的女孩卻選擇退縮。

　　約拿情結是指一種機遇面前自我逃避、退後畏縮的心理。「約拿」是《聖經》裡面的一個人物。他本身是一個虔誠的猶太先知，一直渴望得到神的差遣。但當神終於給了他一個神聖的使命時，他卻拒絕了這個任務跑掉了，並在此後不斷地躲避著他曾經信仰的神。

　　這種情結是由我們的環境為我們的心裡造成的一種「我不行」的想法，當一個男人遇到一個各方面條件都很好的女人時，他們會表現出一種「急流勇退」的心思。

　　有人曾做過這樣一個小測試：如果遇到一個妳（你）極滿意的異性，妳（你）是否會主動搭訕？答「會」的女人為百分之五十五點七，而男人們竟比女人還低五點七個百分點。可見男人在表達愛意時比女人更膽怯。

　　自由走在大街上的女孩子們，其實跟關在高塔裡焦急等待王子的公主沒多少區別，可惜的是，好像沒幾個勇敢的王子會主動地拯救公主的孤獨。因為他們自己也把自己關在了四壁高牆的城堡裡，把自己關在了面子的銅牆鐵壁裡。

　　當英俊的王子遇到美麗的公主時，他們會想：我是帥哥，用得著主動去追嗎？如果追到了還好，但是追不到的話那多沒面子，多丟臉啊！我身邊的朋友會怎麼說？那些圍著

我的女人們會怎麼想？想來想去，壓力實在是太大了，還是撤退了吧！

　　事實上，漂亮女人經常難以結識更多的男人。多數男人因為她的容貌止步不前，認為她如此漂亮必然自視清高，必然拒絕自己，必然名花有主，必然傲慢勢利……而狡猾的青蛙們則不這麼想，他們十分清楚：在大多數情況下，漂亮女人其實很孤獨，非常渴望男人的真愛。無需多言，僅此一點，就是公主為什麼會嫁給青蛙的緣由了。

愛情和友情的區分尺度

親情、友情和愛情是每一個人一生都要面對的三大課題，經歷了親情、友情和愛情之後的人生才完整。除了親情之外，人們，尤其是年輕人，總是對愛情和友情之間的界限難以把握。特別是青春期，是一個身體和心理雙重發展的時期，如果處理不好友情和愛情，會影響今後的生活，甚至是一生的幸福。

什麼叫愛情，什麼叫友情……

一個充滿稚氣的大男孩理查，與一個同樣充滿稚氣的大女孩安妮兩人感情很好。

「你們在戀愛！」旁人評論說。

「是嗎？我們在戀愛嗎？」他們問別人，也問自己。是的，他們弄不清自己是在與對方戀愛，還是在與對方享受朋友間的友誼。

於是，他們去問智者。

「請告訴我們友誼與愛情的區別吧！」他們懇求道。

　　智者含笑著看著兩個年輕人，說道：

　　「你們給我出了一個最難解的難題。愛情和友誼像一對性格迥異的孿生姊妹，她們既相同又不同。有時，她們很容易區分，有時卻無法辨別……」

　　「請舉例說明吧！」大男孩和大女孩說。

　　「她們都是人間最美好最溫馨的情感。當她們讓人們帶來美、帶來善、帶來快樂時，她們無法區別；當她們遇到麻煩和波折時，反應就大不相同了。」

　　「例如？」男孩和女孩問。

　　「例如，愛情說：你是屬於我一個人的；友誼卻說：除了我，你還可以有她和他。

　　「友誼來了，你會說：請坐請坐；愛情來了，你會擁抱著她，什麼也不說。

　　「愛情的利刃傷了你時，你的心一邊流血，你的眼卻渴望著她；友誼鋒芒刺痛了你時，你會轉身而去，拔去芒刺，不再理她。

　　「友誼遠行時，你會笑著說：祝妳一路平安！愛情遠行時，你會哭著說：請妳不要忘了我。

　　「愛情對你說：我有時是奔湧的波濤，有時是一江春水，有時又像凝結的冰；友誼對你說：我永遠是豔陽照耀下的一江春水。

「當你與愛情被追殺至絕路時，你會說：讓我們一起擁抱死亡吧；當你與友誼被追殺得走投無路時，你會說：讓我們各自找條生路吧。

　　「當愛情遺棄了你時，你可能大醉三天，大哭三天，又大笑三天；當友誼離你而去時，你可能歎一天氣，喝一天茶，又花一天的時間尋找新的友誼。

　　「當愛情死亡時，你會跪在她的遺體邊說，我其實已經跟妳一起死了；當友誼死亡之時，你會默默地為她獻上一個花圈，把她的名字刻在你的心碑上，悄然而去……」

　　大男孩和大女孩相視而笑，他們互相問道：「當我遠行時，你是笑還是哭？」

　　我們看了這段小故事，妳真正明白什麼叫愛情，什麼叫友情了嗎？或許，懂得愛情並不是一件難事：當愛情悄然而至的時候，妳自然就會明白妳在愛了；或許，真正懂得愛情，也不是一件容易的事：有好多人一生都沒有明白什麼叫愛，只是在愛情默然離開的時候，捶胸頓足，扼腕歎息。對於友誼和愛情，每個人都有自己的區分尺度，但是不管怎樣，有一點是可以肯定的，愛情總是較友誼更為熾烈、更為專一，更為投入。當妳發現自己真愛上一個人，妳的心裡便不再容納其他，而當他的愛逝去，妳會覺得失去的是整個世

界，愛更多的時候是作為人生的意義而存在的。

　　人總會依次經歷親情、友情和愛情，進而逐漸走向成熟和完整。而愛情正是從友情到親情的過渡階段。因為愛情，本來不相干的人，成為一路牽手的人生伴侶，有了血緣的交融、愛情的結晶，成為親人。正因為如此，愛情才偉大，才需要我們每個人用心地經營，認真地對待。

友情發展為愛情，可靠嗎

　　如果妳現在還抱著「兔子不吃窩邊草」的愛情觀念，那麼我們只能對妳說：「妳OUT了！」在如今這個戀愛自由的時代，男人不再會守株待兔，靜靜等待自己的女神出現；女人也不會是苦苦守候愛情，默默待君騎白馬來迎娶，男男女女都大膽去追逐心中所愛。由友情發展來的愛情也受到越來越多人的青睞，「窩邊草」就成了搶手貨。

　　大學被人們譽為「戀愛的天堂」，這裡的人都青春正茂，美麗正盛，在這裡，人們自在隨意地啃食「窩邊草」，「南北配」、「同學配」一對又一對前赴後繼地浮出水面。

　　為什麼越來越多的人青睞於「窩邊草」的愛情方式？戀人的答案就是：越是「窩邊草」，越能像溫暖的檯燈一樣，讓他們心裡暖暖的。心理學家指出，能延續經年的異性之間的友情，多少有點類似家人的親情，由此步入愛情，不失為一條捷徑。

　　但是，妳是否知道，不是所有的窩邊草都可以入口食用的，掌握挖掘「窩邊草」的技巧，才能讓妳享用到「窩邊

草」的甜美愛情。可供挖掘的「窩邊草」，必須要是和自己一起分享過至今為止最重要的人生時刻，也就是說，原本就是可以信賴的朋友。如果彼此沒有美好的回憶做基礎，也就難以碰撞出愛情的火花。

一旦妳發現了身邊出現優質的「窩邊草」，一般都會用這樣的話題拉近彼此的關係，比如一起在ＫＴＶ唱過的歌或是兩人都很喜歡的那時的音樂；以前經常去的地方；那時最好笑的一件事，當時彼此的綽號（不過，要確定那綽號沒傷害過你們自尊心）；如果是在家裡，找出那時的照片一起看，更能回味逝去的年少時光。這些「返老還童」的話題最能增進彼此的親密感，讓妳順利拿下這棵優質的「窩邊草」。

而如何向「窩邊草」表白心意，最終成功吃掉「窩邊草」，也是有著舉足輕重的竅門。

一、明明白白的誘惑

確定要掘的「窩邊草」之後，妳大可直接發出邀請，比如跟對方說「……你不說我都忘了，真想回到那時候呀，看來得經常見見。」「你要是不忙，經常出來玩玩吧？」不過這樣明誘往往招致對方反問：「就我們倆個嗎？」這時就只能單刀直入了，「很懷念那個時候，和你在一起，就像回到

那時候一樣，我很開心……」當妳開口出說這些話，倘若他對妳有意，自然會答應妳的邀請，時時與妳碰面，愛情自然而然發酵。

二、見風使舵

如果有人拿妳和他開玩笑，說「你們乾脆配成一對算了」之類的話，妳不如也以開玩笑的口吻應承下來，他要是有意自然一對佳偶天成，他若無意也只會當妳是玩笑話罷了。

三、深度誘惑

許多人都會利用「誘敵深入」法，抓住「窩邊草」的心。比如他們會對「窩邊草」說：「我也談過幾次戀愛啦，可覺得和你在一起就是不一樣，以後就算妳結婚了，我也希望能像現在這樣……」據說超過半數的「窩邊草」會立刻跟上一句：「那你做我女（男）朋友算啦。」

四、含蓄的暗示

許多時候，含蓄的暗示也會達到良好的效果：「我們認識已經多久了？一般談戀愛的，大概三五年吧，我們在一起的時間，比他們多多了。」或者是說：「今天玩得真開心，

也是因為和你在一起啊。」這種不露痕跡的暗示好處是萬一對方無心，不會傷自己面子，壞處是萬一對方很遲鈍，接上一句「是呀，我們都那麼多年朋友了」，妳也不至於陷入尷尬的窘境。

五、直接表白

有一種人，她們性格豪爽，面對自己心儀的「窩邊草」，不會含蓄等待，而是直接「豁出去」大膽表白：「再這麼下去，我會愛上你的。」索性賭一賭，只要一分鐘，立見分曉，看他到底是回答妳，「那我們就隔一段時間再見好啦」，還是「那更要常見面」？

當發現妳的身邊有妳心儀的人，那就發揮挖掘「窩邊草」的潛能，勇敢去追逐妳的愛情吧！

因性而愛和因愛而性

　　美國心理學大師約翰‧格雷的《男人來自火星，女人來自金星》系列圖書中說到，男人因性而愛，女人因愛而性。

　　為什麼會這樣呢？他說：「男人需要透過性來感覺愛。幾千年來，不斷進化的結果，男人學會了抑制自己的感受和情緒，以適應他們保護者和提供者的天職。大多數男人認為，完成工作比花時間解釋感覺更為重要，更多的感覺和感情只會阻礙他們達到目的的意志。

　　男人的天職和本性決定了他需要透過性來感覺愛。在茹毛飲血的時代，男人投入野蠻的戰鬥中，必須把他們的感受放到一邊。為了養活他的族人，保護他的族人，男人不得不隨時接受死亡的挑戰，也要常常忍受酷暑和嚴寒的折磨。在適應生存要求的過程中，男人漸漸變得麻木。事實上，這種差別戲劇性地表現在皮膚的敏感性上，女人的皮膚比男人的皮膚要敏感十倍。

　　「為了抵抗疼痛，大自然讓男人學會了關閉自己的感覺。然而，男人不再感到疼痛的同時，也失去了對幸福與愛

情的敏感。對多數男人來說，用錘子敲手指或者看一場足球比賽根本無法讓他們重新敏感起來，性愛卻能，並且性愛絕對能使男人獲得最敏感的體會。性愛讓男人重新學會感覺。當男人的感覺被喚醒後，他再度發現了隱藏在內心深處的愛情。透過性愛，男人重新獲得感覺；透過感覺，男人再次回到靈魂深處。」

關於男人重性，經研究後有資料顯示：男性大腦負責控制性意識區域的面積，幾乎是女性的兩倍。這一點，也是很多男人比女人好色的原因之一。美國加州大學精神學家早前就發表過一份性學報告，當中指出：男性平均五十二秒就會聯想到性方面的事情。對男人而言，性可以只是性。只有當他們覺得有必要時，才將性和愛統一。所以當一個男人進入一個女人身體時，可以僅僅是發洩，而與愛情無關。

從古至今，總流傳多情女子負心郎的故事，梁山伯與焦仲卿那樣的癡心男卻很少。總聽著身邊女子悲悲戚戚地為無法挽回的愛情哭泣，卻鮮少有男人為昨日凋零的玫瑰流淚。

在千古絕唱的寶黛愛情中，賈寶玉不過是有情義的好男人典型，他的愛也是要屈服於現實和家庭的威懾；而女人的愛就如林黛玉常年不止的淚，黛玉葬花表現一個女人無奈地埋葬自己和愛情的過程，黛玉的愛情就是一個女人典型的愛情，硬生生地要了她整個生命。

其實，戀愛中的女人不僅沉湎於愛情，也像男人一樣喜歡性愛，她們性欲的強烈程度絕不遜於男性。有所不同的是，女性由於長期社會習俗的約束，她們的性欲內斂而不顯露，而男人則直露得多。女人只有在愛情的前提下，才能感覺到對性的強烈渴望。女人傾向於先有愛，再有性，即使有的女人跟不愛的男人建立了性關係，她在這過程中也感受不到性的快感，她可能是出於金錢、報復、取悅或是別的什麼目的。

　　男人的性是本能，它可以與愛無關，但男人的愛卻不等於性，它也可以與性無關。當男人走向真愛的道路時，我們會發現，他們的愛深沉而廣闊。他愛著，同樣也尊重著，並不因為對方不能滿足自己的生理需求而放棄。

　　在戀愛中的激情逐漸沉澱為生活中的柴米油鹽，並步入尋常的平淡時，男人們是否還能堅守著當初的那份愛情，是個很大的難題。但是只要找到了答案，尋求到了真愛，這樣才能讓愛情更加堅固。關於這點，我們再來看約翰·格雷博士是怎麼說：

　　「剛開始交往時，男人首先就被漂亮女人靚麗的外表、性感的身材迷住了，儘管他對她一無所知，但被本能沖昏了頭腦，他毫不猶豫地便開始瘋狂地追求她。一旦男人感覺到性衝動，相當多的男人都會認為他對這個女人瞭若指掌。他

對她充滿了興趣，他願意流連在她的身邊，甚至他會認為自己已經不可救藥地愛上了她。其實，真正的考驗在於：在他漸漸真正瞭解她之後，是否還依然愛她。儘管一時的激情看似情意綿綿，但這並非真愛，同樣也難以持久。唯有歷久彌堅的感情，才是真正的愛情。」

這麼看來，那些所謂的移情別戀的負心男人其實並沒有背叛他們的情人。在這場失敗的戀情中，男女雙方都負有不可推卸的責任。他們一開始就把注意力過多地集中在肉體方面，卻不重視創造瞭解彼此的機會，愛之不深、思之不切，也就很難發現對方是否與自己性情相投、心心相印。

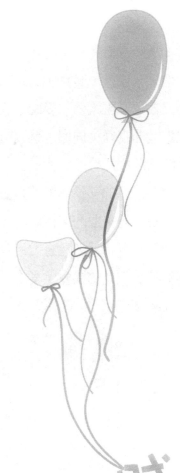

面對感情時，可以賊一點

The Difference Between
Men and Women

Chapter 03

攻略愛情的絕對法則

見面次數決定好感程度

　　相互瞭解也有助於增加好感。這叫做「熟知性法則」。即使我們對對方完全不感興趣，但是如果對方在自己的私人空間中存在很長時間，我們也會漸漸對其產生好感。

　　有心理學家曾經做過這樣一個實驗：

　　在一所中學選了一個班的學生作為實驗物件。他在黑板上不起眼的角落裡寫下了一些奇怪的英文單字。這個班的學生每天到校時，都會瞥見那些寫在黑板角落裡的奇怪英文單字。這些單字顯然不是即將要學的課文中的一部分，但它們已作為班級背景不顯眼的一部分被接受了。

　　班上的學生沒發現這些單詞以一種有條理的方式改變著，那些單字只出現過一次，而一些卻出現了二十五次之多。期末時，這個班上的學生接到一份問卷，要求對一個單字表的滿意度進行評估，列在表中的是曾出現在黑板角落裡的所有單字。

　　統計結果顯示：一個單字在黑板上出現得越頻繁，它的滿意率就越高。實驗顯示某個事物呈現次數越多，人們越可

能喜歡它。在戀愛中也是如此。如果你追求一個人，隨著交往次數的增加，對方可能會漸漸對你產生好感。這種心理效應，可謂是戀愛的「王道」。

美國心理學家博薩德曾經對五千對已經訂婚的情侶進行調查，結果發現其中兩地分居的情侶最終結婚的比例很低。可以說，距離是愛情的頭號敵人。如果一對戀人距離較遠，又不能經常見面，彼此的感情就會逐漸變淡。男女間的物理距離太大也可以導致心理距離的疏遠。心理學上將其稱之為「博薩德法則」，我們稱其為「愛情與距離成反比法則」。

打開心扉，讓感情增溫

　　如果一方敞開心扉，向對方說了很重要的事情，可能會受到意料之外的效果。比如，剛開始談戀愛的兩個人，感情突然加深很多。隨意聊天的男女，也許會在某個瞬間墜入愛河。

　　向對方傾訴從未向任何人說起過的祕密、家庭內的問題等，就叫做「自我告白」。不論說的人還是聽的人，都會增加與對方的親密感。而且，因為對方信任自己，說了他的祕密，一般情況下，自己也要把自己的祕密告訴他，這就是「自我告白的回報性」。而這樣一來，更容易加深相互的信賴和好感。

　　調查顯示，女性更善於使用自我告白的方法來構築良好的人際關係，而男性則很少對別人進行自我告白。心理學上還有一種說法叫做「自我呈現」，是指意識到別人在注意自己，然後有意識地去做對方期待的行為、說對方期待的話，這是一種有意識地塑造自我的行為。

　　一九八六年，日本的中村教授進行了一項試驗，以自我

呈現的形式對參加試驗的人說自誇的話和謙虛的話，然後看這些人喜歡哪一種。他事先準備了一些臺詞，以謙虛的話爲基礎，在其中加入自誇的話，只不過自誇的話所佔的比例有所變化。結果顯示，當自誇的話佔百分之六十的時候，是最受人歡迎的。也就是說，自誇的話太多，或者太過謙虛，都是不好的。

與人交往時，我們常可見兩類人，一類是善於言談的，這些人可以饒有興趣地與你談論國際時事、體育新聞、家長裡短，可是從來不會表示自己的態度。而你一旦將話題引入略帶私密性的問題時，他就會插科打諢，或是一言以蔽之。對於這樣的人，人們往往多有戒備心理，常常被認爲是泛泛之交，不會深入。另一類人是不善言辭之人，雖然他們不太愛講話，但卻總希望能向對方袒露心聲，這樣的人反而很快能和別人拉近距離，而對於此類人，人們也往往願意和他深交。

爲什麼會出現這樣的結果呢？人之相識，貴在相知；人之相知，貴在知心。要想與別人成爲知心朋友，就必須向對方袒露自己，即表露自己的真實感情和真實想法，對別人講心裡話，坦率地表白自己，陳述自己，推銷自己。

玫琳是同宿舍中最擅長交際的一個，並且人長得也漂亮。但在同班甚至同宿舍的其他女人都找到了自己的男朋

友，唯獨漂亮的、擅長交際的玫琳仍是獨自一人。

為什麼呢？她身邊的同學都表示，她太神祕，都不瞭解她。原來，玫琳一直對自己的私生活諱莫如深，也從不和別人談論自己，每當別人問起時，她就把話題岔開。

在生活中，我們也常會發現有的女人外表看起來不是很擅長社交，但知心朋友卻比較多，而有的人，雖然很擅長社交，甚至在交際場中如魚得水，但是她們卻少有知心朋友。這是為什麼呢？如果你仔細觀察，會發現第一類人一般都有一個特點，就是為人真誠，渴望情感溝通。她們說的話也許不多，但都是真誠的。她們有困難的時候，不知怎麼總能有人來幫助她，而且很慷慨。

而第二類人習慣於說場面話，做表面功夫，交的朋友又多又快，感情卻都不是很深。因為她們雖然說很多話，但是卻很少暴露自己的感情。其實人人都不傻，都能直覺地感到對方對自己是出於需要，還是出於情感而來往。

也許，你也有過這樣的感受：當自己處於明處，對方處於暗處，自己表露情感，對方卻諱莫如深，不和你交心時，你會感到不舒服，對這個人也不會產生親切感和信賴感。而當一個人向你表白內心深處的感受時，你會覺得這個人對自己很信賴，而你也無形中和他一下子拉近了距離。

一個人應該至少讓一個重要的他人知道和瞭解真實的

自我。這樣的人在心理上是健康的，也是實現自我價值所必需的。一個從不自我暴露的人，很難與他人建立起密切的關係，而一個總是向別人談論自己的人，也不會贏得友誼，甚至會招人厭煩，就像魯迅小說中的祥林嫂那樣總是喋喋不休地談論自己事情的人，剛開始可能會得到別人的認可，但時間長了就會遭到人們的厭煩。所以，在向別人袒露自己時要恰到好處，不可過多，也不能過少。

心理學家認為，理想的自我暴露是對少數親密的朋友做較多的自我暴露，而對一般朋友和其他人做中等程度的暴露。

而且，你也不一定要說你的祕密，在不太瞭解的人面前，我們可以交流一些生活中的並不私密的情感，既讓人親近之感，又不會讓自己處於不安全的境地。

當人們與自我暴露水準較高的個體交往時，最有可能進行較多的自我暴露。人們常常會回報或模仿他人所欣賞的自我暴露。如與朋友聊天時，朋友講出心底祕密的同時，我們也願意做出同等的回報。

自我暴露與喜歡緊密相連。人們喜歡那些與自己有相同自我暴露水準的人。如果某人的自我暴露比我們暴露自己時更為親密詳細，我們會害怕過早地進入親密領域，進而產生焦慮。

所以，遇到自己喜歡的人，你不妨向對方適當的坦露一下自己的內心，吐露一下祕密，這樣會一下子贏得對方的心，贏得自己的愛情。

戀愛達人的祕訣：先貶復褒

　　有一位人稱「戀愛達人」的男士，作風強硬，總是一副很酷的表情，卻經常擄獲女性的芳心。他從來不主動向女性獻殷勤，那麼，他究竟是靠什麼贏得愛情的呢？

　　原來，和女性談話時，他一般比較冷淡。比如，他會一張嘴就用否定的口吻說：「妳今天的妝化得太濃了。」但是，當女性不知所措或者快要惱羞成怒時，他又會加上一句：「本來很漂亮的臉，化那麼濃的妝太可惜了。」聽了這麼誇自己天生麗質的話後，相信沒有那個女性不沾沾自喜，進而對這個貌似耿直的男人產生好感。這到底是一種什麼現象呢？先看一下以下四種說話方式，您認為哪一種最能讓對方開心呢？

一、從頭到尾都是褒獎。

二、先褒獎，後貶低。

三、先貶低，後褒獎。

四、從頭到尾都是貶低。

當然，沒有人會喜歡第二種和第四種說話方式，誰也不希望最後的結果是對方貶低自己。那麼，從頭到尾的褒獎，又會使對方覺得虛偽。那麼，在這種情況下，大家都比較容易接受第三種說話方式，即先貶低，後褒獎。先貶低，傷了對方的自尊心。然後再褒獎，使對方有種由低處往上升的感覺，能真實感受到被表揚的開心感。並且讓女性認為，你說的是實話。因此，這是贏得女性青睞的有效方法。

瞭解男人慣用的「泡妞」伎倆

　　一般情況下，只要不是第一次談戀愛，男人都會在追女人的過程中採用一些所謂的「技巧」，而且他們這些「技巧」都是針對女人心理實施的，讓女人在毫無防備的情況下成為他們的「俘虜」。當然，並不是說這些男人都懷有惡意，但如果我們能夠通曉這些「招數」，就能夠反客為主，讓他們跟著我們走。

　　這裡，我們總結了男人慣用的一些招數，當有男人用這樣的方法對待妳時，說明他在追妳，妳可以根據他們的不同表現做出相應的反應。

一、單刀直入

　　這種男人堅守「無招勝有招」的理念，他們往往會走到女性面前自我介紹，甚至直接顯示自己的企圖，讓妳來個措手不及。「我知道這樣很冒昧，可是，如果我不鼓足勇氣來認識妳，我一定會遺憾終身。」他們說這種話時，常常是一副發現新大陸的神情。「妳願意跟我做朋友嗎？」有些時

候，他們還會搔一下頭皮、搓搓手，讓妳覺得他很木訥、拙於言辭。這時候，妳千萬別被他的表相所迷惑，覺得他是一個憨厚老實的人。

二、旁敲側擊

不知妳有沒有看過一個化妝品廣告，男主角誤認：「小姐，妳很面熟……嗯，妳是我的高中同學？」這就是典型的「旁敲側擊」，他不僅達到搭訕的目的，也間接稱讚對方看起來很年輕，這種搭訕的功力的確超絕，只可惜目標錯誤，對方竟然是他的高中老師！

過去，男人「旁敲側擊」時會說：「我們以前見過面嗎？妳看起來很面熟。妳是趙雅麗嗎？妳中學在哪裡念的？」現在，這種招式都老掉牙了，再也騙不了我們，而他們也在與時俱進，可能會對妳說：「小姐，請問妳的口紅（或香水）是什麼牌子？」然後，在妳還錯愕時，他便顯露出羞澀的神情，誠懇地說：「我想買來送給我母親。」這個時候，妳千萬要看清他的真面目，他並不是真的惦記母親，而是惦記妳。

三、N個偶然造就必然

小說或電影裡，常有這樣的劇情：男主角在圖書館裡，

不小心撞掉女主角手上的書，在撿書道歉的時候，一下子四目交投，擦出愛的火花。有些男人在這種情境的薰陶下，想出了製造偶然的招數，他們會觀察妳經常出入的地方，假裝不期而遇，然後故意不小心撞到你，接著便很驚慌地道歉、賠禮，並堅持留下妳的姓名電話，表示要找機會補償。結果……妳就成了他的囊中之物了。

四、適度地讓妳傷心

採用這種招數的男人可謂情場老手，他們非常瞭解女人的心理。他們知道，在兩性交往的過程中，輕易承諾往往對愛情具有最大的殺傷力，因此適度地讓對方傷心，可以讓彼此的關係更具有彈性。不過，他也很會拿捏分寸，不會讓妳陷入絕望。比如，當妳問他「你會愛我很久嗎？」這類問題時，他可能會說「我會儘量，但不保證」，結果，使妳在乍聽之時會有些傷心，但細想之下反而覺得他坦白。千萬不要相信他的這種「坦白」，其實他只是不想作出承諾罷了。

五、打情罵俏

談起愛情，每個人都以為自己是最認真的，然而在兩人親密相處的過程裡，太嚴肅反而會造成不必要的壓力，帶點幽默感的戀愛則會讓人回味無窮。那些長得不帥，又沒有多

少錢的男人，往往就是透過花言巧語「泡」到女生的。

六、保持距離，欲擒故縱

當一個追妳的男人突然對妳冷淡時，並不一定說明他已經對妳失去興趣，因此妳不必驚慌，說不定他採用的正是「欲擒故縱」的招數。這種觀點認為，男女在交往之初保持一點距離，反而有助於增添神祕感，加深彼此間的愛慕及迷戀。

以上這些招數，都是男人「泡妞」慣用的手段，如果妳也喜歡的男人對妳使用了這些方法，不妨積極配合他，給予他一定的滿足感，讓他在不知不覺中落入妳的「圈套」，和他談一場轟轟烈烈的戀愛。不過，如果是妳不喜歡的男人，最好及時剎車，不要讓雙方都造成傷害。

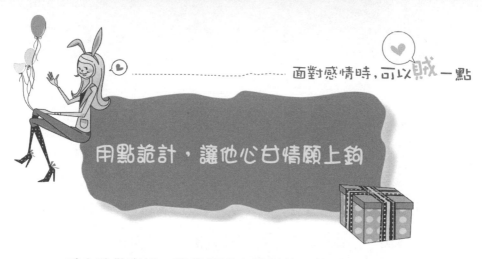

用點詭計，讓他心甘情願上鉤

　　乖女孩做事情，常常是遵守常規的。特別是在愛情方面，乖女孩如果喜歡上一個人，可能試圖用自己的溫柔感化對方，也可能會給對方一些輕微的暗示。膽子大一點的乖女孩，可能會主動追求對方，但是如果這些常規的方法不管用的時候，乖女孩往往就會束手無策了。可是，「壞」女孩就不一樣了，如果喜歡上了對方，就會想辦法為對方下個圈套，讓對方主動掉進自己的「陷阱」。

　　智凱是一個很出色的律師，他熱衷於打離婚的官司，尤其是涉及巨額財產的案子。作為一流的律師，他總能想盡辦法 明自己的客戶在官司中獲得最大的利益。

　　三年前，他被一個富翁聘請。那個富翁正在為怎樣保護自己的財產而大傷腦筋。富翁有一個漂亮的妻子，叫佳寧。她很精明，經常跟富翁們打交道，並且透過婚姻關係來獲取他們的財產。

　　經過幾次接觸，智凱覺得自己對她產生了好感，可是為

了客戶的利益，他壓抑住了自己的感情，盡心盡力地工作，終於找出了破綻。他用自己非常純熟的專業技巧幫助富翁打贏了官司，並在法庭上羞辱了她。沒有得到一分錢的佳寧並沒有想像中那麼憤怒，只是對著智凱微微一笑，轉身離開了。

就在那一瞬間，智凱覺得自己錯怪了她，也許她並不是一個為了錢什麼事情都做得出來的女人。儘管這樣的想法擾得他心神不寧，但是一想到從這以後自己似乎不會再跟她有什麼交集了，他也就很快地將這個女人的事情忘記了。

可是，不久以後，佳寧居然又找了一個富翁，在結婚之前，她來找智凱做財產公證。與上一次婚姻不同的是，她似乎對錢財看淡了，她對智凱說，自己給別人的印象一直是一個為了錢生活的女人，沒有人肯接受這樣的女人，所以才會選擇走以前的路。可是，仔細想想，金錢又算什麼呢？如果能夠找到一個真正愛自己，也能讓自己愛上的人，她這輩子也就沒有什麼遺憾了。說者似是無心，但是聽者有意。看著眼前經歷頗多的女人，智凱淪陷了。他瘋狂地愛上她，所以他勸她結束這場遊戲，並向她顯示了愛意。

經過一段時間的相處，佳寧接受了智凱，兩個人終於在一起。可是，就在兩個人的婚禮上，一件奇怪的事情發生了：牽著佳寧的手走進禮堂的司儀，居然是智凱的客戶——

那個跟佳寧爭財產的富翁。

　　原來，這不過是佳寧導演的一場追愛戲劇。佳寧是智凱的大學校友，早就愛上了智凱，可是他整天忙於學業，畢業了之後又忙於事業，對身邊的女孩不聞不問。為了吸引他的注意，她才想到請自己的叔父配合演了一場戲。

　　為了得到對方的愛，她可謂是費盡了心思。可是，這種對心儀的人下的圈套，讓他能夠愛上自己，這樣的處事方法卻是只有「壞」女孩才能想到的。

　　同樣是面對愛情，乖女孩可能會在心儀的人面前顯得被動，可是「壞」女孩卻能將主動權奪回來，讓對方一步一步掉進自己設定的「陷阱」，進而實現自己的甜美愛情夢。所以，在處理事情的時候，乖女孩應該向「壞」女孩學習，替自己增添一點「壞」心思，適當地耍一點小手段，在不傷害別人的前提下，讓自己的願望得以實現。

製造條件，上演最驚豔的邂逅

「前世的一千次回眸，才換來今生的一次擦肩而過；前世的一千次擦肩而過，才換來今生的一次相識；前生的一千次相識，才換來今生的一次相知。」有人曾計算過愛情的幾率，世界上有六十億人口，其中有兩萬個異性適合做你的伴侶。所以，單身又渴望愛情的人們，為什麼還要一味地守株待兔，出去尋找，尋找你那三十萬分之一的機會，尋找到你的另一半。」

電影《向左走，向右走》中，男女主角兩人居於同一幢公寓，卻因彼此習慣不同：一個向左走，一個向右走，因而從未相遇。兩人不曾相遇卻不斷擦身而過：在旋轉門一進一出、在電梯一上一下、在月臺上分站兩旁⋯⋯

這麼近，那麼遠，總是稍欠那一點點就會碰到。終於，他們各因欠租逃避房東的追纏，同時來到公園。在水池的一端，他們遇上了。兩人一見投緣，有如一對失散多年的戀人，一起玩旋轉木馬，在草地上傾談，渡過了一個快樂又甜蜜的下午⋯⋯一段浪漫的愛情也悄悄在兩人的心底開始發

芽。

　　沒有這次邂逅，他們永遠只能擦肩而過，永遠走不進對方的內心，永遠不會知道愛情的緣分其實就在咫尺之遙。

　　電視劇裡的情節總是令人神往，但是生活中難有這麼唯美浪漫的事情發生，浪漫的邂逅固然美妙，卻終究是可遇而不可求，所以不要一味地祈禱上帝賜予自己緣分，而是需要適時地製造美麗的邂逅。當妳的周圍出現了一個讓妳心動的陌生人，扭扭捏捏可不是現代人追愛所為，大大方方地介紹自己，和他聊些意思的話題，獲取有價值的愛情資訊，才是戀愛達人的追愛之道。

　　要想邂逅美麗的愛情，有時候是緣分的安排，有時候則需要自己製造條件，大膽製造浪漫的邂逅，為自己的感情生活帶來意想不到的甜蜜。

　　以晴住在一家醫院附近，她喜歡上醫院裡的一個年輕男醫生，卻苦於找不到合適的機會接近他，後來她終於想到了一個接近他的辦法。

　　某一天，一個女孩雙手抱滿了東西，和迎面匆匆而來的一個男人撞了個正著，東西撒落一地。這個女孩是以晴，男人是那個醫生。男人在幫她撿拾起地上散落的物品之後，連聲為自己的不小心向以晴道歉。以晴則是一臉害羞又通情達

理的樣子：「沒關係，你也是有急事才趕成這樣的。」

　　初次的計畫成功之後，以晴每天在醫院下班的時間牽著小狗在附近徘徊，幾乎每天都能遇見那個年輕的醫生，兩個人熟識後發現彼此的性格很契合，不久就成為了戀人。

　　不要忽視浪漫的邂逅在愛情中的力量，灰姑娘會遇見王子，白素貞會遇上許仙，茱麗葉會邂逅羅密歐……很多戀愛，都是始於邂逅！

　　製造邂逅，從某個角度上來說，就是在人為地製造情分或緣分。自己製造的邂逅比真實的邂逅更能成就愛情。製造愛情的邂逅更是要本著「不打無把握的仗」原則，精心準備，做好每一個細節，才不至於弄巧成拙。在這場邂逅中，戀愛達人把主動權牢牢抓在手裡，事先打探了對方的喜好，在衣著打扮上都迎合對方的喜好，儀態風度落落大方、彰顯自信，令人欣賞，能在對方心裡留下一個美好的印象，甚至可能讓對方驚喜不已。

　　浪漫的邂逅需要精心準備，但又要讓他看不出一絲「人工作業」的痕跡，讓妳的他感覺像是上天的安排。想要學習高超的邂逅製造技巧，不妨向白素貞學習一番，當白素貞看上許仙的時候，為了製造浪漫的邂逅，她先施了一次法術，來了一場「人工造雨」，然後再羞答答地跟許仙「借傘」。

這樣一來，她的美麗就從容地映入了許仙的眼簾，進而攻破了他的愛情心房。

動點愛情的小心思，導演一場和心中愛人的美麗邂逅，讓他在邂逅妳的那一剎那有心動的感覺，上演屬於妳的愛情喜劇。

愛情苦肉計，喚醒他對妳的愛

　　女人的幸福要靠自己去把握，機會來的時候，要不惜任何代價抓住。譬如當妳遇見了妳認為能給自己幸福的男人，哪怕利用苦肉計也要把他搶到手！

　　梅是這樣一個女人，秀氣、漂亮而內向。她在一家外企工作，典型的白領階層。在她的心中藏著一個祕密，她愛上了她的上司湯姆，一位英俊而富有的美國人。

　　可是，湯姆的周圍鶯鶯燕燕環繞不斷，像梅這樣的女人實在是引不起他絲毫的注意。

　　怎麼辦呢？望著湯姆的一舉一動，梅有些暗自神傷。

　　「我想我是真的愛上他了。」她感到自己就要被洶湧的愛意逼瘋了，「我是否應該主動一些，讓他感受到我的心意呢？」

　　就是這樣的一番思考，梅開始不甘心一如往日的消沉自閉，她展開了一系列的行動，在這裡就先美其名曰「追夫令」罷。

　　這是一個風雨飄搖的秋季。一夜的秋雨使天氣驟然寒冷，清晨的風中仍夾著細細的雨絲。湯姆像往常一樣開著他那輛銀灰色的保時捷，悠閒地開向公司的停車滑道。

　　到了，再轉一個彎就是了。湯姆放慢了車速。就在這時，從轉彎處突然閃過一個身影，那身影走得是那樣的匆促，以至於他還沒來得及進入狀態，就把那人撞倒了。

　　他連忙下了車，扶起了地上的人。一張略帶蒼白的面孔映入了湯姆的眼簾。他有一瞬間的窒息，那因痛楚而蓄滿淚水的雙眸像一泓深幽的潭水。可是他忽略了這一刻的心動，因為鮮紅的血液正順著女人白皙的手臂流下來。

　　「怎麼樣，傷得嚴重嗎，要不要叫救護車？」湯姆著急地問。

　　「哦，我想不會太嚴重，如果你能帶我去醫院的話。」女人冷冷地說。

　　「噢，是這樣，好吧。」湯姆有些驚愕。這女人有些面熟，好像是他公司裡的人員。不過這麼漂亮的女人應該不會沒有印象啊？她可真怪，有點……冷冰冰的，不像他周圍的女孩子，一個個又嬌又嗲。

　　「還好，只是手臂和大腿外側有輕傷。」醫生冷靜地宣佈結果。

　　這讓湯姆鬆了口氣，畢竟，這美麗的女孩子差一點在他

車下香消玉殞，那樣的話可真讓人不忍心……慢著，不忍？湯姆望著眼前嬌小而冷漠的女孩子，對心頭泛起的憐惜之情而感到震驚，這可是他以前從未有過的情緒啊。

他扶著女孩，在醫院長長的階梯上走著，有一刻，他有一種想要抓住手中這個女孩的衝動，直到永遠……

多年以後，湯姆明白了那一刻的心情，那叫做「一見鍾情」。

後來的事，不說大家也知道了，梅成功地製造並握住了這個機遇，贏得了他的心。這一切都是她的「預謀」，她算準了他每天上班的時間，並且注意到他每天到那個駛往停車場的彎路時會把車速放得很慢。

梅利用精心構織的「苦肉計」得到了他的愛情，後來與其建立了美滿幸福的家庭，再後來在國外成就了一番大的事業。

在這裡，我們在深深佩服梅的勇敢機智之餘，並不提倡這樣誇張的冒險精神，畢竟「苦肉計」不一定要流血。我們需要借鑒的只是她在戀愛中以退為進，先把自己置於不利境地，而後博得對方同情、關注的方法。才貌雙全又有「心計」的女人能隨機應變，充分地利用自己的資本去爭取屬於自己的幸福。

嫉妒，傷害女人的毒藥

在天主教中，有所謂的「七宗罪」，而「嫉妒」便是其中之一。那麼，究竟何謂嫉妒呢？心理學家認為，嫉妒是由於別人勝過自己而引起的一種情緒的負性體驗，是心胸狹窄的共同心理。

女人的嫉妒與她們的虛榮是有很大關係的，正是因為極度的虛榮，當看到自己與別人相比處於劣勢之時，在強烈自尊心的驅使下，就會產生嫉妒的情緒。

另外，心理學家還認為，女人的嫉妒不是天生的，而是後天獲得的。整體來說，它可以分為三個心理階段：嫉羨─嫉優─嫉恨。

這三個階段都有嫉妒的成分，而且是從少到多：嫉羨中羨慕為主，嫉妒為輔；嫉優中嫉妒的成分增多，已經到了怕別人威脅自己的地步了；嫉恨則是嫉妒之火已熊熊燃燒到了難以消除的地步，這時候女人最容易走極端，做出損人不利己的事情來。

某大學曾經發生過一個悲劇：一名生物系即將畢業的

女研究生，用水果刀將自己的導師刺傷，隨即舉刀自盡。這位女生從小就有自卑心理，雖然在升學的道路上，她成績優異、一帆風順，但她孤僻而愛嫉妒的性格始終沒有改變。在就讀研究生時，她的刻苦精神深得導師器重，但導師更喜歡另一位男生靈活而幽默的性格。於是女生妒火中燒，數次在導師面前中傷那位男生。導師明察之後，發現多數事情純屬子虛烏有，便委婉地批評了女生。由此，該女生怒不可遏，做出傷師殺己的事。

由此可見，女人嫉妒起來，真是會不顧一切，甚至全然忘記了自己的存在，做出喪失理智的行為，男人不得不防。

其實，嫉妒心理是很常見的，只是有些時候沒有故事中的女生那麼激烈。讓人防不勝防的是，女人的嫉妒屬於非理性的情感範疇，沒有任何規律可循。對一個女人的嫉妒，你會覺得不可思議，你心裡會說：這有什麼大不了的，區區小事也值得嫉妒？可她就是嫉妒了，而且嫉妒得不可抑制。這種女人發作的時候，便是一種發散性的情緒化的發作。

可以說，嫉妒在女人身上，就好像一種永遠也戒不了的毒癮，會使她產生一種莫名其妙的精神依賴。嫉妒可以膨脹，當膨脹到了嫉恨的地步時，這種女人就會變得十分可怕。因此，對處在嫉妒中的女人，你最好躲得遠遠的，耐心等她將那一陣狂風暴雨吹刮過去。否則，她那嫉妒就像是火

山噴發，非把你燒得乾乾淨淨不可。

不過，一般來說，女人的嫉妒主要還是針對女人的，對於男人則很少。因此，有人說：「女人的天敵還是女人。」男人如果棋逢對手，往往生出英雄相惜的本能；而聰慧美麗的女人遭遇美麗聰慧的女人，往往是暗中較量。

儘管女人們表面上說著親如姐妹的言語，但她們都能感受到自己的嫉妒本能和對方的虛偽之情。通常，兩個女人在一起，會因虛榮而在舉手投足間攀比；而有男人在場的情景下，又會因嫉妒的潛意識而爭先恐後地施展著自以為是的魅力。

一點不嫉妒別人的女人在現實中只佔少數，我們有過太多的例子證明，女人對女人甚至抱有厭惡之情。比如，買東西遇上一個年齡相仿的女售貨員，一半以上的機率是會遭白眼的。不嫉妒別的女人的女人在看上去柔弱的外表背後，有著一種堅韌而不可動搖的自信心，而這種自信心對於很多女人來說卻是空白。

當然，男人也嫉妒，只不過他們能聰明地為自己找了一個好藉口，說自己先天有不甘人後的競爭意識驅動，然後，理直氣壯地互相傾軋、鉤心鬥角。女人的嫉妒具體又瑣碎，無可奈何，道盡了宿命的自卑與不甘。

通常，喜歡嫉妒的女人嫉妒別人比她好的一切：長相、

家庭出身、工作待遇、孩子聰明等等⋯⋯甚至別人比她弱勢的地方她也要找出理由來嫉妒，比如別人比她瘦，她會說，那有什麼好，營養不良似的，一陣風就會被吹跑。

　　總之，嫉妒對於女人猶如慢性絕症，不會讓女人暴死，卻如鈍刀割肉般，時時咬嚙女人的心靈：吞噬掉她的美好，她的柔情，她的優雅，直至她的理智！如果妳發現自己是一個愛嫉妒的女人，那麼一定要告誡自己嫉妒是一把危險的火苗，稍吹一陣微風就可能引起火勢的擴大，燒傷別人不說，還會傷害到自己，一定要調整心態，徹底地與嫉妒心理告別。

美女在男人心理的投射作用

　　在男人眼裡，漂亮的女人就是一輛高檔跑車，每個男人都想開，但真正敢開的卻沒有幾個。不敢開的原因有兩個：一是車子太貴，自己買不起；二是跑車太快，開起來怕傷到自己。總之，大多數男人對美女都抱有一種既拿不起又放不下的隱密心理，故而時常「遠觀」而輕易不敢「褻玩」。這種心理，也潛在地激發了男人的欲望。

　　全世界的雜誌、報紙、電視，滿街的燈箱廣告上都有美女照片，大家平日裡看來看去都已習以為常，認為這根本沒有什麼特別的。不過，最近國外某大學一個研究小組發現，只要看一張有魅力的女人的照片，就足以讓男人的虛榮心像氣球一樣膨脹起來，使他對自己的收入期望值、事業的成功、地位及能力的自我評價有一個飛躍。

　　研究小組讓青年男子看雜誌封面上的女性照片，他們被分成兩組，一組看年輕女性的照片，照片上的年輕女性相當有魅力，另一組看的則是四十五歲以上的婦女的照片。看了一會兒之後，這些人被要求完成一系列的情緒測試、個性及

事業調查表。

　　看了年輕女性照片的男人，都誇口說自己「更為雄心勃勃，希望在公司或政府機構裡處於更高的職位、收入更高而且聲望更好」，約有百分之四十的男人評價自己是開拓型性格；而另一組看了四十五歲以上的婦女照片的，只有百分之十六的人如此評價自己。

　　令人覺得有趣的是，被測試的男人本身都認為照片沒什麼作用，他們告訴研究小組的工作人員，看美女照片對他們回答調查表不會產生任何影響。這些男人認為他們的回答都是切乎實際的，並沒有誇大其詞。他們沒有意識到，看美女照片使他們的心理、生理發生了潛在的變化，這正是美女在男人心理上的投射作用。

　　儘管「跑車」心態是男人對美女的普遍心理，但面對美女，男人的反應卻也不盡相同，其中最為常見的幾種類型如下：

兩眼觸電型

　　此類男人身邊的女人不是相貌一般，就是女人味不足，因此見到美女如同見到天外來客一般，當場觸電，像被武林高手施了定身法，被定住，連眼珠也不太會轉了。美女見此若嫣然一笑，此君定會幸福得暈死，忘了自己是在天堂還

在地獄，傻得可愛但不做作。

偽裝柳下惠型

美女出現時故意左顧右盼，或隨意看兩眼，對同伴的議論不屑一顧，眼睛卻總是用餘光窺視。假裝正經，希望給別人留下一個柳下惠式的君子形象，內心卻遺憾剛才沒看清。美女走遠後就對同伴說，他以前見過的漂亮女孩太多了，剛才那位只能算中等。掩耳盜鈴加阿精神，虛偽的次方。

主動出擊型

看到美女立即上前搭訕，看著自己的手錶問小姐幾點，然後說和自己的一樣。若小姐罵他神經病，便快速離去；若小姐也和他聊上兩句，則有了一個好的開始，就是成功了一半。或者找美女問路，甚至直接報上自己的電話號碼，有性格，豁得出去，不怕失敗。

身不由己型

身邊有老婆或女友，只可偷偷看上兩眼過過癮，生怕回去跪算盤。一隻眼睛欣賞美女，一隻眼睛還得去看老婆或女友的反應。

看見美女就像看見男人一樣，一點反應都沒有。此君或要求太高，或已看慣美女，或者是清心寡欲的和尚，看美女像看木頭，反正有點另類。

總之，不管男人們嘴上怎麼樣說選老婆、交女友要重心靈、重才智，但在內心深處，他們從沒放棄過愛美女這個念頭。女人有沒有頭腦不重要，或者至少是第二位的，實際上一定要容貌第一，這是他們難以拒絕的。那麼，男人何以嘴巴上說不介意女人美醜呢？原因有二：一是為了表示態度端正、立場正確；二是一種討女人歡心的表面之詞。

女人應該明白，男人對金錢、權力、性的看法是基本一致的，僅有的差異也只是機會和膽量的問題。但男人的花心未必意味著付諸行動，將心中所想付諸實施的男人終究不多，所以有時候我們女人讓他們飽飽眼福也沒什麼問題。

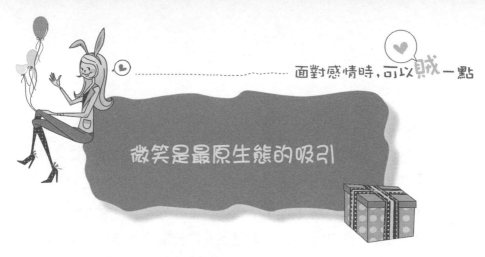

微笑是最原生態的吸引

北方有佳人，絕世而獨立。

一笑傾人城，再笑傾人國。

寧不知傾城與傾國？

佳人再難得！

——《佳人歌》

　　這首詩是樂師李延年為他的妹妹所作，短短的一首《佳人歌》轟動京師，令天子聞之而心動，聞之而神往，立即有著一見佳人的躍躍嚮往。笑是美人的一抹更加迷人的絢爛。有多少男人，能抵擋美人一笑呢？從《詩經》裡的「巧笑倩兮，美目盼兮」，到楊貴妃的「回眸一笑百媚生，六宮粉黛無顏色」；從周幽王為博美人褒姒一笑烽火戲諸侯，到狐女嬰寧憨癡的笑容惹王生神魂顛倒。我們都可以從中看到微笑的魔力。別說是美人的微笑，即使只是一個小女孩的笑，也會引發令人難以置信的奇跡。

　　在二十年前的美國，曾發生一件轟動性新聞：一個陌

生路人將四萬美金給了加州一個六歲的小女孩。大家都很驚奇，在大人的一再追問下，小女孩終於說出了令大家從沒想到的答案：「他好像說了一句話——妳天使般的微笑，化解了我多年的苦悶！」原來，這個陌生人是一個富豪，但過得並不快樂。因為平時讓人的感覺太過於冷酷，幾乎沒人敢對他笑。當他遇到小女孩的時候，她那天真無邪的微笑驅散了他長久以來的孤寂，打開了他塵封多年的心扉。

微笑是一種很神奇的力量，發自內心的微笑會讓自己感覺到幸福，同時也給了別人溫暖。它就像是心裡飄出的一朵蓮花，美麗，令人一見傾心。微笑是最原生態的吸引，它會讓人有被認可、被喜歡的安慰感。

正如一首歌裡唱的，「桃花盡綻春風裡，疑惑全無盡留枝」。

年輕的時候總愛笑，並非代表我們的心情一定好。但是到了一定年齡反而會珍惜地回憶起兒時的天真無邪和沒有負擔的心境，以及那發自內心的歡笑。同時也會因為孩子們的單純可愛，沒有邪念，沒有爾虞我詐，沒有鉤心鬥角的笑容而產生想親近他們的願望。純淨的微笑、善良的意念，能讓人產生一種自然的吸引力，吸引周圍的人自然不自然的願意與我們親近。天真無邪的微笑能使人回到善意的初衷，那就是所謂的歡笑時才是人脫離人為的價值觀、獨立開來的寶貴

時段，不用為此而驚奇。因為正是在這個驚奇的時段，人的心理才會是不偏不倚。

微笑，有時候真能讓人覺得整個世界都變得溫暖起來了。一個不漂亮的女子，她在陽光下的恬淡微笑，那種美麗、那種溫暖，是那些濃妝豔抹的美女們無法比擬的。網路上有一句很經典的話是這麼說的：「要記得永遠保持著微笑，即使是在妳難過的時候，因為有人可能會因妳的微笑而愛上妳。」

有的愛是從一個微笑開始的，不要懷疑。我們很多人其實都是孤獨的天使，獨自生活在冰封的世界裡，一個溫暖的微笑可以讓人從北極的冰山之巔，走到中國南海那個春暖花開的國度。有時候，微笑比語言更有魔力。我們會因為看到一個男孩溫暖的微笑愛上他，他也很可能會因為一個天使般的微笑愛上那個女孩。

試想，誰會喜歡一個整天板著張臭臉的人呢？就像動漫《犬夜叉》裡的殺生丸，即使他帥呆了，酷斃了，也有很多人不喜歡他，因為他太冷漠、太無趣。而犬夜叉可能談不上帥，但是卻有超多的女孩子喜歡他，因為他很可愛。男孩子也一樣，很少有男孩會喜歡一個冷冰冰的木頭美人。

眼淚雖是女人讓男人疼惜的千古利器，只可惜現在的很多女孩子有幾個能哭得出來？不能哭，也只能笑了。長得一

團喜氣的女孩子是男友媽媽最中意的兒媳，有很多男孩也說最喜歡眼睛會笑的女孩子了。一笑傾人城，再笑傾人國，不需要傾城與傾國，傾倒妳最喜歡的那個男人就夠了。

Chapter 04

情人心事不難猜

為什麼男人
會覺得老婆總是別人的好

　　對愛情忠貞不渝的男人並不是沒有，但在愛情之河中腳踏兩條船，甚至在獲得了愛情之後仍然「這山望著那山高」，對另一個女人產生感情、發生性關係的男人更多。男人似乎得到女人便會厭倦。

　　錢鐘書在小說《圍城》裡對婚姻是這樣比喻的：婚姻與圍城差不多。圍在城裡的人處境困難，感到壓抑，都想突圍到城外去；城外圍觀的人則弄不清城內究竟發生了什麼事，聽到城內沸沸揚揚，更加好奇，都想進到城裡來看個究竟。

　　後來，又有人將婚姻比做「金漆的鳥籠」，鎖在籠子裡的鳥兒都想飛出去，籠外的鳥兒又想飛進來。對於已經婚姻表示出不滿的男人來說，「老婆是人家的好」彷彿是順理成章的。

　　當然，我們可以首先從道德的角度出發，來研討「老婆是人家的好」這種反常現象。生活中也確實有那麼一群男人，他們將快樂建立在女人的痛苦之上，不顧傷害女人的感情而一味滿足自己的低級欲望，以玩弄佔有女性為能事，以

致到了「多多益善」的地步。這種玩弄和佔有已經很難有什麼真情可言了，他們很少去想缺乏責任感的性行爲會對女人產生多麼惡劣的影響，這種男人違背了多數人的行爲規範和準則，違背了做人的道德，應該受到輿論的譴責和法律的制裁。

培根在他的《論愛情》一文中寫道：「人心中可能普遍具有一種博愛的傾向，若不集中於某個專一的物件身上，就必須施之於更廣泛的大眾……夫妻的愛，使人類繁衍。朋友的愛，給人以幫助。但那種荒淫縱欲的愛，只會使人墮落毀滅！」培根也注意到了人類的博愛傾向，並且認爲，愛並不都是單純的、崇高的、排他的，對於某些人來說，即便是「荒淫縱欲的愛」也是存在的，並且這種現象在男人身上更爲普遍。

「海誓山盟」的愛情卻又孕育出「老婆是人家的好」這個怪胎，發生這種情感轉變現象的原因是什麼呢？

愛情的多元性往往表現了男人對理想愛情的嚮往，跟現實發生衝突所引起的失望，和試圖透過不同的人來實現自己理想形象的追求。

生活在社會大環境中，每個人的愛情得到程度是不同的。而男人總是想在女人身上尋找完美的品質，但這些品質幾乎總是抽象的綜合，它們往往只能處於分散的狀態，即

分別存在於不同的人身上。溫柔的人有時又顯得軟弱，剛強的又近乎於專制，只有優點而沒有缺點的完人似乎誰也沒能找到，因而，男人在戀愛對象的選擇過程中，很難全部實現「個人的綱領」。用自己的想像固定了的「模型」來檢驗對方，或早或遲總會發現不理想的地方，以致產生失望情緒。

男人們時常發現，自己的女人只具有理想的整體素質的一個方面，而這種發現往往是在婚後才有的。因此，在某些情況下，他們會重新尋找和選擇，出現雙重的或多元的愛情，並用它來彌補愛情中的空白。

一個女人溫柔、體貼，挑起所有的家務，全心全意支持丈夫的事業，是男人理想的「賢內助」，但是，她的丈夫一面充滿著感激之情，一面又感到極不滿足，他還深深地渴望著精神上、智力上的交融。於是，這個男人同時還可能愛上能夠在心理上彌補他這塊空白的另一個女人，儘管這個女人也許並不溫柔體貼。

這種分裂的愛情從根本上來說是虛幻的，因爲男人的精神世界太廣闊、太豐富了，所以他們心靈空白也非常多，對於一個注重精神追求的男人來說，兩個、三個，甚至再多的女性都無法彌補他心靈的空白。然而，男人的這種追求是客觀存在的，但這種追求與嘗試並不一定會給他帶來幸福，相反的，在這種情況下，人會感受到更大的不幸和痛苦。

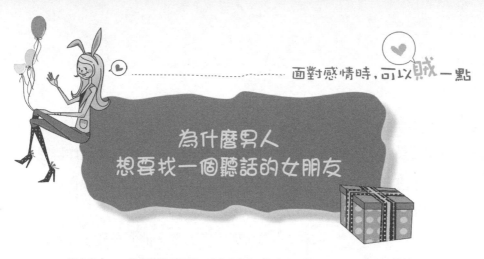

為什麼男人
想要找一個聽話的女朋友

　　生活中，我們常常聽到有男人講自己找女朋友的標準是希望對方能夠「聽話」，男人的這一種想法其實是他的權力欲使然。不僅僅是在感情中，在生活中的各個方面，男人都或多或少的有一種征服欲。

　　在這個世界上，男人一直處於支配者的地位。這使得每一個男人都潛在地，甚至先天地有一種支配欲、征服欲，而這種欲望必然導致對權力的追求。一個男人只有贏得了權力，才可以充分實現自己的支配欲、征服欲。

　　然而，權力崗位的有限性與追逐這一崗位的男人的無限性，使得絕大多數男人成為追求的失敗者，於是他們產生了病態心理；而即便是勝利者，在追求的過程中也要經受種種鬥爭、討伐，也會產生病態心理。因此，男人們會成為病態的權力追求者，這並不令人奇怪。

　　種種跡象顯示，猴還沒變成人的時候，就已經有權力這個意識了。仔細觀察分析野生靈長類動物，再對比一下今日人類社會，妳會發現竟有那麼多的相似之處。每個猴群裡

（其他群居野生動物也一樣）都會由一位雄性首領統治，產生的方法很簡單──暴力廝殺，勝利者便能擁有這個族群裡至高無上的權力，繼而擁有了美食、美色，任其作威作福。也難怪孫悟空寧願當猴王也不願取經成仙了。

因此，男人都有一種病態的權力欲，他們一般不僅希望控制自己，同時也希望控制他人。凡不是由他們發起或贊同的事情，他們都不希望發生。同樣的，他們也希望自己永遠正確，而一旦被證明出了錯，即使僅僅是在微不足道的細節上出了錯，也會變得十分惱怒。他們必須比任何人知道的事都多，這種態度有時候會令人尷尬。

很多男人，遇到自己不懂的問題總喜歡裝懂，甚至憑空杜撰一個答案。其實，誰也不是百事通，對有的問題不懂是很正常的，也不會有損名譽，但男人們總是在權力欲的驅使下，做出一些很可笑的事情來。

一般來說，權力欲產生於意識到自身在力量上的優越，無論這力量是指身體的能力，還是指精神上的能力。此外，對權力的追求也可能與某些特定的原因有關，例如家庭、政治團體或職業團體、某種宗教思想或科學思想等。但是，男人對權力的病態追求卻來源於焦慮、仇恨和自卑感。

男人們總希望一切符合自己的願望，如果他人所做的事情不是剛好按照他希望的方式，在他希望的時間去做，他就

可能因此而惱怒。任何形式的遷延，任何不得已的等待，哪怕是等待紅綠燈的時間，都可能導致男人火冒三丈。另外，男人對權力的病態追求還表現爲絕不讓步的態度。同意他人的意見或接受他人的建議——即使這些意見和建議被認爲是正確的——也會被男人視爲一種軟弱，哪怕是想到要這樣做，也會在男人心中引起一種逆反心理。這種態度最常見的表現方式，是男人們在心中暗暗堅持認爲，世界應該適應他而不是他適應世界。

由於病態的權力欲，男人們大多有一種迫切需要吸引他人注意、受到他人尊敬和崇拜的願望。他們會產生以美貌、以聰明才智、以某種出色的成就來打動他人的幻想；他們會毫不節制，揮金如土；他們會不惜一切地學會談論最近流行的新書和最新上演的戲劇，會竭力認識一切顯要人物。

在現實生活中，由於各種條件的約制，有些男人的權力欲表現得並不十分明顯，但這並不顯示他們內心深處沒有這種欲望，一旦時機成熟，他們那種「唯我獨尊」的脾氣就會暴露無遺。由於他們是這樣的專制獨裁，因而任何不能完全被支配的事情，都會使他們感到自己處於奴隸般的地位。如果他們的憤怒受到壓抑，這種壓抑就會使他們產生抑鬱感、沮喪感和疲勞感。然而，這種軟弱無能的感覺卻可能僅僅是一種迂迴方式，以確保自己的支配地位，或表現自己因不能

指揮他人而產生的敵意。

　　作為女人，瞭解了男人的權力欲之後，在與男人的日常交往中，在不損害自己利益的前提下，適當滿足男人的這種欲求會促進你們之間的交往。當然，如果男朋友是一個權力欲強到近乎病態的男人，相信妳再怎麼配合他，他也不會知足，所以女人最好還是在感情生活中遠離這類男人。

戀愛中，男人會用這樣的謊言「欺騙」女人

　　心理學家稱，人是愛撒謊的動物，而且比自己所意識到的講得更多，平均每日最少說謊二十五次。經過研究證明，男人與女人說謊的原因更有不同：女人的撒謊是為了讓別人過得好受一些，而男人的撒謊是為了讓自己看起來更好一些。

　　在戀愛之際，有些謊言或許並不是有心計的，我們想讓對方快樂，也想讓自己快樂，謊言則是免不了的。但是，不要一味用動聽的謊言去迷惑和矇騙對方，對於一些男人來說，謊言已經達到出口成章的地步，有的甚至一天不撒謊，就會嘴癢。在日常生活中男人常常會用這樣的謊言來「欺騙」女人：

謊言一：妳穿那件衣服真好看

　　男人往往透過這樣的撒謊來避免與女人之間的衝突，也害怕傷到女人的自尊心。

謊言二：我真的有打電話給妳

有時候男人因為別的事情而忘記了給自己的愛人打電話，當被愛人問起的時候，他們為了不引起愛人的大動干戈，於是選擇撒這樣的謊言。他們認為透過這樣的謊言能讓愛人心理平衡，可以減少衝突的產生。

謊言三：我不在乎妳的容貌

說這句話的男人一般情況下都是違心的，當兩個人沒有見面的時候，男人一再強調不在乎女人的容貌，因為在他們心裡還存在對女人容貌的幻想。但是當一個女人的長相讓他不滿意的時候，他就會主動減少聯繫，所以這樣的謊言對他來說沒有什麼損失。沒有一個男人一點都不愛相貌只愛靈魂。

謊言四：說吧，我什麼都答應妳

男人往往一激動就會說出這句話，尤其是在床上的時候，女人可千萬不要把他的這句話當真，因為在他說完之後，他也會忘記自己說的話。當妳再次問起的時候，他會說：「我說過嗎？我怎麼不知道？」或者說：「怎麼可能呢？怎麼可能什麼都答應呢？」或者當女人提出要求後，男人再來一句：「除了這件事，我什麼都應妳。」此時，妳還

有什麼可說呢？所以不要相信男人真的什麼都會答應妳這句話。

謊言五：妳是我的唯一

男人哄女人的最高明的一句話就是這句「妳是我的唯一」，怎麼可能！沒有誰是誰的唯一，愛著的時候也不是，因為男人除了妳，還有他的父母家人朋友，妳怎麼可能是他的唯一呢？他可能在某段時間對妳很好，但是當他對妳不好的時候也就不好了，妳怎麼可能成為他一輩子的唯一呢？別以為男人對妳說這句話意思就是沒有了妳，他就活不下去，這不可能，他活下去的理由有很多，不只是妳，所以，當一個男人對妳說這句話的時候妳要感激他愛妳，但是千萬不要信！

謊言六：我不在乎妳是不是處女

這句話是最不能信的，男人雖然說性解放，對和他發生關係的女人說沒什麼，但是真正要和他結婚的，就會耿耿於懷於自己的老婆不是處女，所以當有男人跟妳說這句話的時候不要很相信。

謊言七：我一定改

當男人在妳的面前說出這句話的時候，妳可以相信他有這個決心，但是妳不要相信他可以做得到。因為一個人的某種性格，或者已經形成的不良嗜好，是不可能在半天一天改變的，他可能在某個時段答應妳會改，但是過了一段時間，他又會回到原來的樣子。不要試圖去改變一個男人，而是要去改變妳對他的期望。所以，男人的這句話也不可以信。

謊言八：「我沒騙妳」

男人常常會用這句話來獲取女人的信任，在女人表示懷疑的時候，他們會常常加上一句：不信妳問某某某，他可以證明。這樣女人就可以信任了，因為有個真實的人可以作證。實際上，男人說這個話的時候正是在撒謊，他們在掩飾內心的不安，所以用這句話來穩住自己的心，先讓自己不慌亂，之後讓女人信任他。

戀愛的時候，對於男人的這些謊言，實際上很多女人都具有很高的識別力，就是所謂的女人的第六感。女人的感情細胞很發達，可以透過一句話或者一個表情來判斷出對方是否在說謊。若有不對，女人的「嗅覺」還是比較靈敏的，女人的大腦是多軌的，可以同時獲得和分析不同的資訊，但是男人的頭腦就比較簡單，一個時間只能處理一件事情。而且

女人對於男人撒謊的內容會記憶得很清楚，所以男人撒謊時稍有漏洞就會被女人發覺。

其實，很多時候，謊言會變成一種無意識的行為，因為人下意識的會從趨利避害的角度來行動。雖然善意的謊言是無可厚非，但是建議還是用心來說話辦事，或許會在當時當地會有些尷尬，但是我們總能理解真誠的心。

男人總是「愛妳在心口難開」

　　女人必須明白，讓一個真正愛妳的男人說出「我愛妳」這三個字是非常困難的。如果妳接觸到一個男人，很快就把這三個字掛在嘴邊，妳千萬要小心了，因為他可能根本就不在乎妳，只是想儘快得到妳。

　　那麼，為什麼對於男人而言這三個字如此難以出口呢？一是他害怕被拒絕，因為他心裡在乎妳，所以才把這件事看得很重，即使妳已經多次暗示，他還是會心裡不安。另外，他認為對女人說出這樣的話有些可笑。總之，這與雙方感情無關，純粹是男人的個性問題。

　　儘管如此，這三個字還是要說。如果妳與男友彼此相愛，妳一定能找出讓他說「我愛妳」的辦法，妳可以有意無意地與他談起你們的關係，並告訴他妳喜歡跟他在一起，仔細尋找機會，妳會聽到他說這句話的。

　　這種談話有兩個目的：第一，由於男人通常很忙碌，他也已經習慣於這種工作節奏，他很少有閒暇來考慮與女友之間的關係進行到何種程度，因此，妳需要透過這種方式讓他

充分意識到你們關係的進展狀況。第二，當你們幾次涉及這個話題時，他就會開始考慮何時、是否對妳說出這三個字。

男人通常都很有自尊，絕不願意遭到拒絕，因此，他寧願保持沉默也不願意面對消極回應。假如他說「我愛妳」而沒有得到妳的表白，他會很不舒服。可以說，男人正是受這種恐懼心理約束才不說「我愛妳」的。

事實上，任何微弱資訊都可能打擊男人的自信心。假如他對妳說「我愛妳」，妳卻說「真的？我從來不知道你有這種感覺」，或「我也喜歡你」，他可能會被妳的回答折磨好幾天。因為，這種時候他只希望妳告訴他「我也愛你」，如果他得不到這樣的回答，他會發瘋的，他的不安全感會比妳想像的嚴重很多。他會奇怪妳為什麼要那樣說，會一次次地告訴自己「我絕不應該對她這麼說」，或者乾脆認為自己愚蠢透頂，甚至開始懷疑你們倆的關係是否如他想像的那樣，他可能得出這樣的結論：「我愛她，她卻不愛我。」他會開始尋找原因，「我到底哪裡做錯了」。妳會發現，這種時候他比剛與妳約會時還不安。

因此，讓男人說出「我愛妳」絕沒有那麼簡單，那需要時間和勇氣。如果妳幾次涉及同類話題，他會有一種心理準備，知道自己該不該說、何時說。如果他愛妳，請放心，他遲早會充滿激情地對妳說「我愛妳」。

當然，妳還可以適當做出一些努力，讓他知道妳對他的感情，但千萬不要要求他這麼說，給他鼓勵就行了。同時，也要切忌在男友說「我愛妳」之前告訴他「我愛你」。一般而言，女人往往比男人更容易墜入情網，而女人一旦沉浸在愛情中就會急於對男友說「我愛你」。如果妳對男友說「我愛你」，而他並不愛妳，他會立即感到內疚；如果他還沒有真正投入全部感情或還不確定，他會立即感到恐慌，因為，這時他幾乎沒有可遲疑的時間，他必須作出回答，而他又不知該如何回答；當然，假如他也愛妳，聽到妳這樣說，他自然會很歡喜。總之，妳最好不要冒這個險。

　　另外，要注意，愛情是自然而然的事情，當妳不能肯定他對妳的感覺時，儘量不要觸及此類話題，否則他會害怕因為自己的誠實回答而失去妳。並且，當他不能肯定自己的感情而告訴妳「我愛妳」時，他的內心會更加不安，他認為自己撒了謊，他開始感到不舒服，進而感到有壓力。

　　當男人對妳說「我愛妳」後，妳可能又要面臨另一個問題了，那就是他不會像妳想像的那樣時常對妳說「我愛妳」。可以說，男人不喜歡重複這三個字，儘管妳的男友可能完全地愛著妳，但是他不會大膽告訴妳。因此，妳最好不要給男友施加壓力。一般來說，妳請求的次數越多，妳聽到的次數也就越少。但是，不要以男友說這三個字的次數來判

斷他對妳的感情，大多數男人往往把愛深藏在心裡，而不是流露在言語中。

　　當然，妳可以適當向他表示妳的願望，如「我很高興你能告訴我你對我的感覺」或「當你對我說『我愛妳』時，我感覺好極了」，此時，即使他不喜歡重複說這三個字，他也會這麼說的，因為他希望讓妳高興。

男人心裡自有一套情愛規則

　　女人常常因為不瞭解男人的真實想法而苦悶，不知道男人的真正用意是什麼，但是在男人圈裡，男人的心裡面自有一套小算盤。

不急於回電話

　　一般情況下，你們相識，男人把名片遞給妳，妳能明確地感覺到他對妳有好感，而且可以肯定他會馬上聯繫妳，如果等了一星期都沒有他的電話，妳會失落。對於男人來說，他如果對某個女人有想法，他也想早點打電話給她，但是他們認為如果急著回電話的話，女方一定會認為他魯莽或者已經愛上她了，所以男人常常會選擇改天再說的想法。

　　電影《紈絝子弟》中有「三天後再回電話」的規則，男人的規則是只要能撐得住，就先不回電話。不過，男人也會因懶惰而延遲打電話，他們並不像女人那樣有緊迫感，他並沒有把是否得到妳的電話號碼看得很重要。男人要妳的聯繫方式，只證明他可能，而不是一定會聯繫妳。

總之，女人別把電話看得太重，去做一些別的事情來充實自己，總比守著一台永不會響的電話合適得多。

時常「人間蒸發」

男人常常會使一些小手段，來吸引女人的好感。他們願意保持與女人若即若離的感覺，他們殷勤、瀟灑，用這樣的方式吸引妳的注意，使妳對他的活力和風趣印象深刻，讓妳情不自禁地思念他，等到這時候，他就開始消失了，讓妳著急、期待，又心生怨恨。他再次出現時，他依然和往常一樣風趣幽默，甚至不說為什麼消失，和沒事一樣，妳雖然知道自己不是他的唯一，但是還是被他迷戀。有時候男人只是抱著玩的態度去和妳相處，所以妳千萬不要當真，學會隱藏妳的感情，保持妳的神祕感，這樣會更加吸引對方。妳要學會讓他著急，而不是自己著急，學會耐心。

不承諾

男人為了不承擔責任，所以不輕易承諾。男人不想給自己製造麻煩，他會想辦法取得妳的好感，但他卻輕易不承諾，給自己留足了後路。對待這樣的男人，女人就不要對他抱有幻想，害怕承擔責任的男人不該嫁，可以和他做朋友，但是不要有別的想法最好，否則，他的不承諾，會讓妳一直

沒有安全感，而真正想和妳長遠的人，會帶妳見他父母家人，和妳一起承擔痛苦快樂，一起幻想前方的路，而不是一味閃爍其詞。

甜言蜜語

女人常常會被男人的甜言蜜語迷得神魂顛倒，興奮不已，女人期待男人跟他們說的都是真心話，但是男人往往只是為了迎合女人而說一些讓女人高興的話，因為他們知道自己的甜言蜜語會獲得豐厚的回報，並不會白白地讓他們費口舌，他們往往帶著某種目的講甜言蜜語。所以，女人針對男人的甜言蜜語，一定要能分得清真偽，是真是假還要看他的實際行動，看他說話時的表現，不要被他的語言迷惑。

以不聯繫的方式分手

很多女人常常會遇到這樣的情形，男人好久都不聯繫自己，自己打電話過去一直說很忙，沒時間。等到妳掛了電話他又不和妳聯絡了，來回好幾次，最終才明白，他和妳分手了。

這種方式很隱諱，男人為了避免正面的衝突，避免女方的糾纏，避免見面的痛苦情形，以這種方式分手，就為了避

免和女人討論爲什麼分手這個問題，避免見到女人的淚水，自己又無可奈何，所以很多男人往往會採取這樣的方式。

還有的男人是給自己留後路，希望自己孤單的時候還可以回到妳的生活裡，陪他度過孤獨。這樣的男人很自私，只想到自己需要，而不顧及女方的感受。他認爲只要不是間隔時間太長，他只需要爲沒打電話而道歉，爲自己行蹤編造一些美麗的謊言，之後女人又會回到他的身邊。遇到這樣的男人，當自己領悟到分手的暗示時，應該堅決放手，不要這樣自私的男人，並不斷提醒自己不要再跟他聯繫，下一個人都會比這樣自私的男人好！

戀母情結不只伊底帕斯有

　　戀母情結的說法源於古希臘羅馬神話與傳說。

　　傳說底比斯國王拉伊俄斯受到神的警告：如果他讓新生兒長大，他的王位與生命就會發生危險。於是，他要獵人把兒子帶走並要獵人殺死他，但是獵人動了惻隱之心，只將嬰兒丟棄。丟棄的嬰兒被一個農民發現並送給其主人養大。多年以後，拉伊俄斯去朝聖，路遇一個青年並發生爭執，他被青年殺死。這位青年就是伊底帕斯。後來，伊底帕斯破解了斯芬克斯之謎，被比斯人民推舉為王，並娶了王后伊俄卡斯特。底比斯發生瘟疫和饑荒，人們請教了神諭，才知道伊底帕斯犯了殺父娶母的罪行。結果，伊底帕斯挖了雙眼，離開底比斯，四處漂泊。

　　根據這個故事，奧地利心理學家佛洛德把以本能衝動為核心的一種欲望，稱為「伊底帕斯情結」。通俗地講，它指男性的一種心理傾向，就是無論到什麼年紀，總是服從和依戀母親，在心理上還沒有斷乳。

　　戀母情結不是什麼道德問題，而是男人的一種正常心

理，一個男人根據其從小到大生活環境影響的不同，戀母情結的程度也不同。有的男人在兒童時期在外面受到欺負，他就向母親求助，他認為最安全的港灣就是母親的臂膀。這樣的男人成年後，在社會上遭受挫折，他自然認為妻子或女朋友的臂膀就是他最安全的港灣。

由於生活賦予男人的角色過於沉重，要他承擔更多的社會責任，他必須強，因此就要承受很大的心理壓力，內心難免產生恐懼和焦慮。可是男人內心的「問題」，又不能隨便對外人說，他要訴說，最好的求助物件就是妻子或女朋友。

男人在外面很男子漢，實際他的內心很脆弱，所以在家裡，在妻子或女朋友面前就會經常撒一撒嬌，傾訴內心的不安，這是男人式的求助，想得到女性對他的關心，就像孩子一樣。有的男人希望找年長女人做妻子，有句老話「娶某大姊，坐金交椅」，就跟男人的這一心理有關係。當然，任何事情都有一個限度，如果男人的戀母情結過於嚴重，就顯示他的心理出現了問題，應該去看精神科醫生，否則就會影響到家庭生活。

戀母情結過於嚴重的男人與妻子的關係往往不融洽，他們聽到妻子說母親的壞話，就會無法忍受，甚至自己也有種莫明其妙的罪惡感。為此，他們常會與妻子嘔氣，夫妻關係的裂痕會越來越大，最後達到不可收拾的地步。這種男人往

往是一個沒有主見、缺乏進取精神的人，他們非常害怕失去母親的愛，所以一直窺測母親的臉色，抑制自己的主張，為了讓母親滿意而生活著，由於過於依附母親，其思維方式和言談舉止都容易女性化。帶著這種生活態度進入社會，這樣的人也是一個懦弱的人，沒有別人的指令，就無法行動，缺乏自主意識，精神容易慢性萎縮。

　　有這樣一個小夥子，大學本科畢業，長得很帥氣，工作也很不錯，但三十歲了還沒有女朋友。他在外地上班，每個禮拜都會打好幾次電話回家，無論什麼事都要向母親報告。他母親在家裡很強勢，父親比較弱，他就怕惹母親生氣。他交女朋友的第一個標準，就是考慮他媽媽喜歡不喜歡。

　　後來，他媽媽甚至跟他說：「孩子，你喜歡的，我就喜歡。」

　　他卻跟別人說：「你可別聽她的，她要是一生氣，馬上就不認帳！」

　　男人將婚姻當做戀母情結的繼續，所以有很多男人會選與母親相似的女人做妻子，有意無意地將妻子與母親進行比較。「她比我母親差多了」，這是許多男人常常體驗到的不滿。他們中的許多人，把賺來的錢一交，就不管這個家的一

切了，甚至出差的行李、晚上的洗澡水也要妻子為其準備妥當，衣服鞋襪髒了隨手亂扔，等妻子收拾。

他們感到最幸福的不是自己去擁抱妻子，而是躺在妻子的懷裡，讓妻子像對兒子一樣輕輕地撫摸他。所以，有時妻子會略帶抱怨地說：「唉！我真像養了兩個兒子，一個老兒子，一個小兒子。」

許多男人對妻子的依賴就像童年時依賴母親一樣，同時他們又像孩子一樣企圖得到絕對的自由。妻子在家時，他們編織各種謊言去做自己想做的事情。一旦妻子出門，他們就像脫離了玉皇大帝管束的孫猴子，在家裡「大鬧天宮」：飯沒人做，衣服沒人洗，家裡亂糟糟的。他們翻著日曆盼望妻子早日回來照顧自己的生活，但妻子畢竟不是母親，他們在妻子面前不完全像在母親面前那樣坦誠。遭遇婚外情時，他們既不希望妻子棄他們而去，又想擺脫妻子的束縛、監視。他們把自己當做超級兒童，希望妻子如同寬容的母親一樣對他們的婚外戀睜一隻眼、閉一隻眼。

他們奢望妻子像母親一樣寵愛、寬容自己，在他們玩累、「花」累之後，依然能幫他們端來香噴噴的熱飯。無論在外面耽擱多長時間，總希望妻子在家中等著他們。這樣的男人，對女人的依賴性要比女人對男人的依賴性有時候還要強。

據統計資料顯示：離了婚的男人每年的死亡率要比離了婚的女人高三倍，未婚男子的自殺率則是未婚女性的四倍多。

　　總之，戀母情結在每個男人身上都有不同程度的表現，聰明的女人不僅要對其具有充分的瞭解，更應學會加以利用，在處理婆媳關係、夫妻關係、母子關係時，應該充分考慮到男人的這一種情結。

男人的妓女／媽媽綜合症

　　在心理分析領域，有一個「媽媽／妓女綜合症」現象，意思是說，男人要麼把女人看成「媽媽」，要麼當成「妓女」。當然，這裡的「妓女」並不是風月場中的性工具，而「媽媽」也不是真正生他養他的母親，指的是與他有著戀愛關係，或曾有過戀愛關係的女人，以及他夢寐以求的任何女人。

　　事實上，男人對一個可愛、乖巧的女孩的真誠之愛，更像他對母親的情感。因為母親不會跟他進行心理交流，她總能夠滿足他，也就是說，從一開始，他就得到了她的默許。所以，我們有時會聽到男人說：「她真可愛，但我對她不『來電』。」

　　相反的，男人對所謂的「壞女孩」往往情有獨鍾。她們不會替男人洗衣服、做飯，甚至還常常放他們的鴿子，從他們的錢包裡大把大把地掏出錢，結果給他們的回報微乎其微，男人卻樂此不疲，想盡一切辦法討「壞女孩」的歡心。於是，那些乖乖女們便會不由自主地想：男人為什麼都這麼

「犯賤」？

　　其實，乖乖女們應該知道，即使妳堪稱家庭主婦的楷模，男人仍然想在家門之外有一個情人。乖乖女與情人是相對立的，因為日復一日的母愛，終將導致男人的厭倦。

　　有人說，每個男人都在找尋自己母親那樣的女性。當然，這是一個美好願望，但這並不意味著妳要無止境地遷就他。有些行為會讓男人感到窒息，使他感覺自己好像在面對母親一樣，這往往會讓他厭煩，他會像一個叛逆的孩子一樣，跟妳保持距離。因此，妳應該禁用下列四種帶有母愛色彩的方式與男人交往：

　　不要盤查他，即不要常常要他向妳匯報。

　　不要總是逼問他，不要說如「你有多久沒跟我在一起了」之類的話。

　　在妳沒有事先要求的情況下，不要指望他把全部閒置時間都拿來與妳共度。

　　不要過分卿卿我我，否則，他就沒有足夠的空間來欣賞妳。

　　除此之外，還要千萬注意，不要表現出妳正在監視他。比如，他在放下電話之後，妳馬上就詢問是誰打來的電話，或是在他打電話時插話。這種舉動，與他戴著圍裙的媽媽沒什麼區別。

　　不要讓男人感到，他日常做的每一件事似乎都要得到妳的許可。當妳把他看得太緊的時候，就會讓他感到窒息。不要讓他覺得自己生活在顯微鏡下，否則，他會覺得失去了自由，很快就會想到逃跑。

　　不要說「把你的襯衫塞進去」、「去洗洗手」、「去梳梳頭」之類的話。如果他連續三頓飯沒吃，妳也不要問他，不要代替他的手和腳──除非他得了感冒（如果他只是輕微的流鼻涕，妳就不要小題大做）。

　　不要把週末的時間都安排得滿滿的，否則，他還得為釣魚而向妳請假。讓他去釣幾條魚吧！不然他就會開始失約。為什麼會這樣呢？他就像一個十幾歲的孩子，因為被媽媽實施了宵禁而變得非常叛逆。

　　如果妳把你們在一起視為他必須做的事情，那麼，妳就等於是把某些原本很愉悅的事情變得索然無味了。即使妳是好意的，但妳的控制，會把本是互惠的要求變成讓他望而卻步的事情。

　　無論何時，只要妳讓他感到自己必須見妳，他就會覺得這簡直就像工作。只有當他感到見妳不是自己必須履行的義務時，他才會心馳神往。

　　總之，對男人而言，妳應該更像一個情人，而不是像他的老媽，這樣他會更加珍惜妳。

為什麼男人
明明吃醋了卻不承認

由於歷史因素的影響，加之男人們刻意的宣傳，女人比男人愛吃醋，已成為舉世公認的事實。仔細一想，妳會發現在這一約定俗成的判斷後面，隱藏了一個不可告人的祕密：男人們故意發出這種言論來掩蓋男人比女人更濃的醋意。

女人醋氣沖天時，大都毫不迴避，醋意太濃時也會鬧個一塌糊塗。而男人則會遮遮掩掩，裝出一副若無其事的樣子，以免吃醋之心被人發覺，有損男人大度的美名，於是「醋」就在男人身上悄悄隱藏著，而以別種管道向外發洩。

有時真不明白，男人為什麼對自己吃醋的事實一口否認，而言行舉止卻又醋氣沖天？愛情本來就是自私的，無論男人女人，吃醋都是很正常的。

在這個世界上還只有亞當和夏娃的時候，「醋」字就產生了。有幾天亞當夜不歸宿，夏娃感到很傷心、很失落，她酸酸地問亞當：「你是不是在外面有別的女人了。」

由於在他們那個年代，人們都認為女人是由男人的肋骨製成的，於是，在亞當睡著的時候，夏娃就會悄悄地爬到他

身邊，數數他的肋骨少了沒有。女孩子吃醋的歷史，也許就是從這時開始的吧。夏娃的表現霸道而可愛，可能是夏娃開了一個好的先例，所以後來所有的女孩子吃起醋來都是憨態可掬，迷迷糊糊，小氣而可愛。

在古時三妻四妾的年代，女人對自己的丈夫也是珍視有加，不希望他再有別的女人。一位婦人的丈夫納了妾，她便寫了一首詩給丈夫：

恭喜郎君又有她，儂今洗手不當家；
開門諸事都交付，柴米油鹽醬與茶。

在生活必需品中，唯獨不提「醋」字。從此，女孩子，吃起醋來開始尋找含蓄而睿智的表達方式。

男人也會吃醋，即使他們口頭上不願承認。因為「醋」與「愛情」是一對雙胞胎，它們是同時產生的。男人吃醋後的表現形式多種多樣，但有一點是相同的，就是他們吃醋後大都喜歡付諸行動。

《鐵達尼號》裡的未婚夫因為蘿絲的移情別戀而醋意大發，「把海洋之心」放進傑克的衣服口袋裡，然後嫁禍於他；《魔鬼大帝—真實謊言》中的丈夫，為了追查和妻子約會的男人，竟動用了直升機和測謊器。但二者的表現方式有

著本質的區別，後者做得光明正大，堂堂正正；而前者則爲世人所不恥，手段低下而卑劣。

看來外國男人吃起醋來，大都如洪水猛獸，破壞力極強。而我們是個禮儀之邦，男人們一直不忘自己曾是社會的絕對主宰者，行爲舉止應該表現得大度而得體，因此，每個男人都刻意地把自己塑造成英雄，而愛吃醋的小氣鬼總會被人瞧不起。眾所皆知，男人是很少直接表現醋意的，他們認爲這樣的男人是很不受歡迎的；但對女性而言，情況卻不同了，她們活得坦坦蕩蕩，發現自己受寵的地位遭到威脅時，會向愛人宣告自己「吃」一點點「醋」了，這樣反而顯得可愛。

當一個男人「醋」浪滔滔翻滾、無法控制，但又要顧全男子漢的風度時，便不得不以另外的方式表達出來。也就是說，先讓這股醋浪在肚子裡翻滾很久，再藉機發洩出來。而城府太淺的女士們是很難達到這種境界的。有些時候男人吃醋是很難看出來的，不過現在我們就來破解一下男人吃醋時的障「言」法吧。

女人總想找一個
像爸爸的男人寵愛自己

戀父情結，又稱「伊蕾克特拉情結」，最初源自古希臘神話。據傳，伊蕾克特拉是邁揚尼王阿伽門農和克呂泰涅斯特拉的女兒。她的母親克呂泰涅斯特拉有了外遇，擔心丈夫發現後懲罰自己，便把他害死了。

伊蕾克特拉在父親被殺後，就把弟弟託付給父親的好友撫養，等弟弟長大後，她跟弟弟共同謀殺了母親及其姦夫，為父親報了仇。後來，奧地利心理學家佛洛德藉用這個故事，說明女人的心理特徵，認為女孩對父親的深情專注，潛意識中有一種取代母親位置的願望。

據專家調查發現，女人的戀父情結要比男人的戀母情結更為普遍，也嚴重得多。有人說「父親是女兒前世的情人」，也是針對女人的戀父情結說的。女孩在成長的過程中，始終無法與父親實現心理分離，結果，與母親的關係疏遠不說，與同齡男人的正常交往，乃至婚戀也常常會受到嚴重影響。因此，通常女孩總是在有意無意尋找父親式的戀人。她們認為，只有找到和自己的父親那樣理想的男人，才

能得到真正的幸福。

正因為女人有這樣的特性，所以從孩提時代開始，她們就喜歡纏在父親身邊，希望父親寵愛自己，讓父親抱抱自己……女人想從男人那裡得到的也是同樣的感覺。

這樣一來，對於戀愛的男人來說，最大的敵人就是女友的父親。在父親很關愛自己女兒的情況下，男人要想得到對方的真心，就必須具備和她父親同樣的愛心、智慧和勇氣，甚至還要超過她的父親。男人要是做不到這一點的話，女人就不會對他動心。

而如果一個女孩過早地失去了父愛，便常常會將對父親的感情轉移到現實中某個人物的身上，這個人物便會成為父親的替代品，但他又不同於父親。在父親的光環效應下，「他」的形象往往更加高大，成為無可替代的「情聖」，供奉在女孩記憶的深處。因為「他」與特定的時期聯繫緊密，而那個時期對女孩來說刻骨銘心，所以無形之中，後來者便始終會讓女孩覺得缺少共鳴。

當然，「情結」不等於「愛情」，但是懵懂的女孩分不清，所以青春期時的特殊情感就變成了「滄海水」或者「巫山雲」，令之後的感情黯然失色。因此，如果男人愛的一個女孩有這樣的困惑，最好不要急於讓她接受你，要慢慢感化她，讓她最終「破繭而出」，解開這個所謂的情結。

女人也有處女情結

某部美劇中有這樣一個情結：

中國女孩小美和美國女孩訴說自己的婚姻經歷，當美國女孩得知中國女孩是在婚後才第一次和男友發生關係時，她驚歎不已。理由很簡單，婚前性就像買車之前妳需要試開一樣，在沒有檢驗男人那方面的功能之前，怎麼可以輕易把自己託付給他。

由此可見中西方觀念的大相逕庭。總之，相對於西方的開放，東方女性都有強烈的處女情結，把自己的第一次看得很正式，也很重要，都希望把第一次給可以一輩子相擁的人。這代表著東方女人對感情、對性、對另一半的重視和尊重。男人應該對女人的這種特質給予讚賞，但與此同時，這種特質在歷史上也促成了男性對女性的不公平的佔有和過分的處女情結，甚至延續至今。通常，我們都認為只有男人才會有處女情結，進而對這些男人在如此開化的社會裡還有這種「封建意識」大加批判。可是誰能想到，女人居然也有處女情緒，有時甚至比男人們更深。

在大多數女人眼裡，自己的第一次是種神聖的付出。比如，當一對熱戀的男女發生關係後，女人差不多都會這樣說：「我的第一次給了你，我的一生就交給你了，你要對我負責任！」女人總是把第一次作爲自己無價的付出，因而一旦與這個男人分手，她就會後悔將自己的第一次給他。並且，許多女人爲此也會對自己的第二次、第三次無所謂了。

　　同樣，當一個非處女的女人跟愛人結婚後，她的內心也往往充滿愧疚，後悔自己沒有把第一次留給丈夫。

　　女人們珍視自己的第一次，因爲那是記憶中最深的。也難怪男人會以此作爲一種情結，因爲擁有女人的第一次，也就擁有了女人最深的記憶，刻骨銘心，而女人的第二次、第三次，自然不能跟第一次相比。對於處女問題，每個女人都有著各自的看法。

　　有些女人說：「愛的最高境界應該用性來表達。」她們認爲，處女問題並沒有那麼重要，因爲這是女人自己的事情，只要自己對自己的行爲負責，任何人都沒有權利指責她，因而當兩個人的愛情發展到一定階段時，只有性可以來表達。與上面的觀點相反，有一些女人則認爲，婚前絕對不應該發生性行爲，哪怕再愛那個人。這樣，即使那個男人與自己分手了，也不會覺得後悔。在這些人看來，處女是婚姻長久的一種保障，如果婚前失貞就會讓婚姻抹上陰影。還有

一些女人認為，如果一個女人在二十多歲時還是個處女的話，會感到很難為情，因為這表示愛她的人少，或者是她自己有點不正常。而且，如果婚前沒有性的體驗，婚後可能因為缺乏性經驗而出現種種意料不到的問題。如果一個女人到了三十多歲還以自己是個處女而自豪的話，那就更可笑了，那樣的生活太不正常，因為享受性愛也是女人的權利。

另外，還有一種觀點，認為是不是應該把自己的第一次留給丈夫也要視情況而定。因為人很少能夠一次戀愛成功，人一生也不可能只愛一個人。所以，沒有必要非要壓抑自己，將自己享受性愛的權利剝奪。如果丈夫非常在意，而自己又必須與他結婚，那麼對不起，現在的技術如此發達，造假也不是不行。不要認為女人這樣很卑鄙，這是為了滿足男人的需要。況且，女人又能用什麼來確認男人是不是第一次呢？

總之，關於處女的話題已經討論了數千年，現在人們仍然在興致勃勃地討論它，這不能不說是一種悲哀。作為一個男人，應該理解女人，不要以女人是否是處女來作為判斷她好壞的標準。在愛情裡，理解是解決問題最有效的方法。如果你是真愛那個獨立、美麗而善良的女人，就應該尊重她的選擇和付出。而女人永遠散發的光彩，永遠自強和自尊，這才是最堅實的支撐。

女人的依賴心理伴隨終生

　　女人天生敏感、脆弱的特性，註定了她們具有很強的依賴心理。依賴這個本應專屬於孩子的詞語，卻經常用在女人的身上。

　　無論男人還是女人，小時候都具有依賴父母師長的心理，但隨著身心的發展，男人一方面比以前擁有了更多的自由度，另一方面也擔負起比以前更多的責任，因此男人逐漸擺脫了這種心理局限。說一個男人有「依賴心」，無疑是對他最大的諷刺，其程度不亞於說他「娘娘腔」。然而，女人的依賴心理卻要伴隨她，直到生命的終結。

　　心理學家認為，依賴心理主要表現為缺乏信心，放棄了對自己大腦的支配權。往往表現出沒有主見，缺乏自信，總覺得自己能力不足，甘願置於從屬地位，遇到事情會希望別人為自己做決定。

　　很多女人正是這樣，她們小時候和男人一樣依賴父母，長大後想依賴丈夫，年老後則依賴兒女。她們最怕心靈無所依託，一旦內心空虛，她們就會想盡各種辦法來彌補。寂寞

的女人會在現實中尋求依託，如果一時間找不到合適的男人，就會暫時用其他的方式來代替。

我們都知道，有空閒的女人喜愛養寵物，但很少有人知道這是為什麼。原因很簡單，因為女人會因心理脆弱而常常感到孤單，有寵物相伴，精神就會有所寄託。

仔細觀察一下你就會發現，在城市裡飼養小動物的多為獨身女性。女人養寵物，不僅僅是為了體驗一種與動物之間的親和關係，也是為了體驗一種歸屬感，以及一種歸屬之後的富足感。

女人這種潛意識裡的「寵物心理」其實是一種現實的生活態度：她們在潛意識裡希望自己也像「寵物」一樣被人寵愛，雖然現在是施愛者，但也同時享受著「被寵」的快樂。

在心理學上，女人的這種行為稱為「代償行為」。女人飼養各種小動物，在潛意識中有可能將其看做自己的丈夫或情人，給以百般的關愛，以求得心靈上的滿足與寄託。

由此，我們也就不難理解，為什麼總是女人迫不及待地走進婚姻的殿堂。在女人看來，即使自己經濟獨立，也會認為自己是不完整的，缺乏獨立生存的心理，所以要找一個男人作看護、恩人、情人乃至偶像，即一個對她們來說「意味著一切」的人。

而當女人喪失了相依為命的配偶之後，便會陷入無以

名狀的孤獨之中。無論曾經與她相伴的男人是多麼糟糕，都曾是她的整個世界，一旦失去這個世界，她就會陷入絕望之中，備受孤獨無助的侵擾，於是內心緊閉，過著一種自憐自艾的生活。

當一個女人沒有真正感到有人在她的身邊，她就不可能有自我安全感，會迫不及待地去尋找某個人或某種關係，能夠使她感到安全並能夠填補她的空白，這個人不一定是男人。時下，有許多單身女人喜歡和另一個女人住在一起，她們之間往往並沒有什麼曖昧的關係，而只是一種精神的寄託。

也就是說，作為一個男人，你必須讓你的妻子或女友有一種依靠的感覺。如果你不能滿足她的這種需求，即使已經結婚了，她也會感覺到孤獨、痛苦，因而深深地失望，或許還會離開你，尋找讓她能夠依靠的那個人。

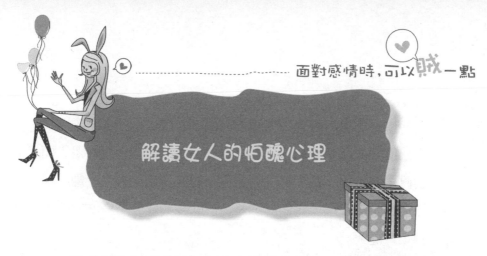

解讀女人的怕醜心理

　　將美麗進行到底是每個女人的畢生追求，因此，如果想讓一個女人承認自己「醜」，那是一件非常難的事，她會用各種努力來使自己變得美麗。正因為如此，如果你恭維一個女人如何美貌靚麗，即使你是在調侃、諷刺她，女人大多仍會將其當做你對她的肯定。

　　反之，如果一個女人被人評論為相貌醜陋，那會比罵她、打她更令其難受。據說，英國的約克公爵夫人弗吉，在看到一本雜誌將自己比做一個粗俗的打雜女工時，深感震驚，並為此痛哭不已。由此可見，女人對於自己美麗與否是多麼的重視。從某種意義上來說，女人在意自己的美麗就如同在意自己的健康與生命一樣。

　　由於女人都那麼在意「美」，導致生活中許多女人都有怕醜的心理。我們經常看到，在大街上美女可以昂首闊步，因為她們那傲人的身材和那天使般的面容是炫耀的資本；而醜女們則通常把頭埋得很低、很低，並且儘量躲避人多的地方。

醜女都會有很強烈的自卑心理，有時候她們甚至會因為自己的醜而產生一種罪惡感。所以，為了能讓自己在眾人面前直著腰走路，各大醫院的整形科便成了她們經常光顧的地方。為了擺脫醜，她們甘願讓自己的皮肉經受著一次次的刀割、針縫。

　　專家認為，女人的這種怕醜心理，是對自我真正價值的錯誤判斷，因為它將女性的價值依附在外表上。但這也是社會過分強調女人的外表美所致，是男權社會強加給女人的一種價值標準。女人為了適應社會，只能將社會的價值標準內化為自我的價值標準。簡單地說，就是這個社會給予醜女的空間非常有限，從擇業到嫁人，醜女總要被放在其次待考慮。

　　另外，女人怕醜心理的產生，還與其幼年的成長經歷有關。女人小時候都不乏家長的贊許，比如「聰明」、「聽話」、「漂亮」等。隨著一天天長大，孩子的自我意識開始萌發，有的女人會逐漸發現自己得到的鼓勵少，而其他女人得到的表揚多，於是便產生了心理落差。在她們的內心深處，非常想與傳統價值標準靠攏，她們想獲得誇讚，被人們喜愛。

　　還有一些女人其實本身並不醜，卻將自身核心價值定位在外表上，進而賦予了外表許多不應承載的東西，如社會

地位、身份、個人前途等，因此就格外擔心自己的外表，有的還會因此否定自己其他方面，嚴重的還會導致不願與人接觸，性格會變得孤僻少言。其實女人與其這樣不如開始修煉自己的美麗，可以透過化妝等方法讓自己更加自信，更應該充實自己的內心，讓自己有一顆美麗的心靈。

為什麼女人都愛吃醋

　　大凡女人都喜歡吃醋。有人說，天下之大，無奇不有，或許能找到幾個不吃飯的女人，卻很難找到不吃醋的女人，可謂對女人愛吃醋的經典概述。據心理學家分析，女人天生具有很強的依賴心理，因此註定了女人對男人無微不至的關注。她們愛一個人就會很傾心地纏著他，有時候恨不得將他綁在褲腰帶上，而一旦男人表現出對其他女人的熱心，哪怕只是一丁點兒，女人也會非常不高興。

　　另外，關於女人愛吃醋，還有歷史依據。據說，「吃醋」這個說法的源頭就跟女人有關。

　　話說當年，唐太宗考慮到宰相房玄齡勞苦功高，便以宮中美女作為獎勵，而房老先生可謂聖賢君子，竟然對美女們毫髮未動。不過，這也只是表面現象，其實他所懼怕的是正妻盧氏。

　　老虎也有打盹的時候，有一天，房宰相竟然思想走了神，慨然稱讚美女的玉手，而這話正好被盧氏聽到——估計

自從御賜美女到房家之日起，房夫人早已睜著警惕的眼睛，豎起警惕的耳朵，嚴加防範了。

這下還得了，老頭子居然打起了美女玉手的主意！房夫人一不做二不休，命人剁去美女的玉手獻於房宰相眼前——手段之殘忍簡直令人髮指！

唐太宗得知自己賜的美女竟然遭此毒手，十分震怒，招盧氏進宮，賜其毒酒。房夫人大義凜然，視死如歸，將毒酒一飲而盡，還向唐太宗叫囂，說道：只要我還活著，就看不得我老公和別的女人上床！之後昂然出宮，回家等候毒酒發作。不料，竟左等不死，右等也不死，其後方知太宗所賜毒酒居然是陳年老醋。

從此以後，人們說到女人嫉妒男人關注其他女人，就用「吃醋」來形容。

其實，我們並不是堅決反對女人吃醋，任何事情都要有個「分寸」，吃醋也不例外。同樣是吃醋，若吃得好，就「酸」開了腸胃，「酸」出了美麗。比如中國歷史上一段有名的才子佳人風情就是「酸」出來的。

西漢才女卓文君與司馬相如一心相傾，欲結為伉儷，卻遭到卓家的強烈反對。

二人無奈，只好私奔到外地，當壚賣酒，下海經商。誰知，後來司馬相如因《子虛賦》轟動了文壇，做了皇帝的侍郎官，所謂「飽暖思淫欲」，他日見卓氏年老色衰，便想另娶茂陵為妾。卓文君知道後，就寫了《回頭吟》四首，其中有雲：「皓如山上雪，皎如雲間月。聞君有二意，故來兩決絕。」以表達情愫，寄託「醋」意，終使司馬相如迷途知返，打消了納妾的念頭。

　　不過，現實生活中能夠吃醋吃出這種味道、這種風情的卻非常之少。女人們往往言語尖刻，火藥味十足，她們很容易失去理性，以破壞為目標、為幸福、為成功。其實，她們在耍賴的時候，已犧牲了男人對她們原本可能有的興趣。

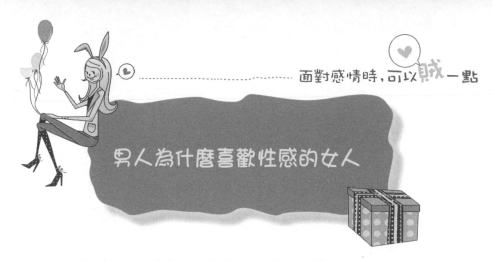

男人為什麼喜歡性感的女人

男人是注重感官的「動物」，男人喜歡性感的女人。一直以來，性感的女人被喻為一朵欲望之花，能夠迷惑男人的眼睛，在任何場合，性感女人都會散發出不可阻擋的光芒。不同的女人有不同的味道，很多男人認為性感女人是最有女人味的。

男人為什麼喜歡性感的女人呢？這得從生物學的角度來探討。需了解，哺乳動物要不斷繁衍下去，離不開雌性本身的生育能力，而分娩是對女性的一大考驗。人類的胎兒是在子宮中成熟，而後從陰道中生出。醫生在接生時，往往會說「用力！用力」，這關係到胎兒能否順利產出。那早期的人類怎麼知道女人有足夠強的肌肉呢？「翹臀」便是最好的證明，這說明這個女人有足夠強的力量，在分娩時可以把胎兒平安地送出，胎死腹中這種情況發生機率較少。

胎兒生出來後，女性還得有充足的乳汁來養活下一代。因此，男性便依據女性乳房外形判斷她是否有足夠的能力養活下一代。他們知道，一個女人如果擁有豐滿堅挺的乳房，

她在未來就能夠為孩子提供足夠的乳汁，而不至於讓小孩餓死。

物換星移，這兩點也積澱在人類的潛意識裡，隨著基因代代相傳，也多虧這些基因裡的「預設值」，人類的種族才能不斷壯大，並且延續至今。

說到性感，會使人想起感性這個詞，性感和感性就好像一對孿生姐妹，如影隨形，一個感性的女人，無論是在凝神靜思還是侃侃而談，她的一舉手一投足，都是那麼細膩和充滿感染力。一個很簡單的例子，假如妳不是個外表充滿野性的女人，那麼涵養一份內心的野性，也會讓別人覺得妳充滿刺激乃至有份神祕感。而所謂的內心的野性，可以是輕佻不羈、愛冒險、愛嘗試新事物、好幻想及隨時為了實踐夢想而豁出去。

性感之所以是性感，在於它能引發一種性的吸引力。性感於不同的女性身上，散發出不同的味道，產生不一樣的效果，意境的高低、效果的優劣則取決於個人的修行。例如，「看」來性感與本身就性感，引起人性衝動與誘人遐想的性感，媚俗的性感與優雅的性感自然是兩個不同的層次。

女人的性感是烙在骨子裡的。女人真正的性感並不局限於女人的外表，比如相貌是否嫵媚迷人，衣著是否風情撩人。女人的性感本質是一種發自內心的活力，這種活力彰顯

著女人豐富的內心，令男人情不自禁地遐想連篇。

千萬不要誤認為穿得越少越性感。女人不應該把嫵媚和性感當做榮耀，男人的「回頭率」也不是她們作為女人的資本。如果某個女人在街上穿得過於暴露，人們免不了對她的品行評頭論足，尤其是一些在職場裡身居要職的女人更是公眾目光的焦點，她們應該清楚，「職場」和性感永遠都不可能友好攜手的，上班時穿得太暴露是一種缺乏教養的表現。總之，女人追求性感千萬不要採取媚俗的方式。

據性心理學研究，男人心目中的性感，除了發自女性的性特徵和自信心、懂幽默、愛浪漫、刺激及冒險外，原來還有一些比較虛無抽象的元素，其中的神祕感就是另一個性感元素。電影史上被稱為性感的明星如瑪蓮德·烈治、碧姬芭杜等，哪個沒有深不可測的神祕眼神。女人在自己喜歡的男人面前，千萬別盡情流露。肆意表現只說七成，要給對方留有揣摩與想像的空間，留有餘韻也是玩神祕感的一種手段，總之，就是不要完全滿足對方的好奇心。

現代的性感早已超越視覺、身材或是暴露多少的範圍，如花燦爛的笑靨，天真或帶媚態的眼波，沉溺於思考或想像時憂鬱而出神的神態，都是內斂的性感。性感的女人的肢體語言、拋媚眼、無奈和驚歎時的揚眉嘟嘴、不經意的自我觸摸都是最銷魂蝕骨的小動作。

現在，越來越多的現代女性都只爲討好自己而不單爲討好男人而性感。正如今天的女性愛好打扮只爲「自我感覺良好」，而不是爲「悅己」者容。何況，性感本身就是每種雌性動物都有的天賦條件。女性剛醒來時的一對惺忪睡眼、喝酒後的微醉與一臉緋紅何嘗不性感，而這正是構成美感的元素，故性感無須刻意追求，性感原本就是上帝烙在女人骨子裡的性磁力，女人只需自信地彰顯自己，妳的性感，別人自然而然就會感受到了。

Chapter 05

當愛情來了

如何激發男人的狩獵欲望

男人愛女人的過程是：愛──怕──煩──離開，女人愛男人的步驟是：無所謂──喜歡──愛──真情難收。

當男人很愛女人時，女人可能還沒有愛上男人，當女人逐漸地喜歡並愛上這個男人之時，也許正是男人厭煩了女人準備開溜之際。

這是自古以來不變的規律，這就是為什麼那麼多女孩愛得越深，越容易失戀的根源。男人的愛是把天鵝逐漸變成癩蛤蟆的過程，而女孩的愛則是把青蛙逐漸變成王子的過程，這麼不對等的愛，受到傷害的當然是愛得無法自拔、把愛人當成整個世界的女孩。所以聰明的女人一定要懂得，一定不能讓那人輕易得到。

男人喜歡追逐的快感，習慣激烈的競爭。他們喜歡競技，喜歡戰鬥，喜歡狩獵。他們喜歡鎖定目標，然後想方法去實現目標。男人沉湎於貓捉老鼠的遊戲，這會讓他們熱血沸騰，興奮不已。這是兩性之間最基本的差異。女性通常追求一種穩定靜止的情愛方式，男性則不然，他們喜歡變化

運動的愛情遊戲，追求新鮮的刺激是他們樂此不疲的最大動力。

美國影片《偷情》裡有一個情節，女主角娜塔莉・波特曼問男主角裘德・洛，為什麼會那麼瘋狂地愛著那個攝影師。

「是因為她成功了嗎？」

裘德・洛回答：「不，是因為她不需要我。」

由此可見，男人總是對得不到的女人心存幻想。妳越高高在上，他就越頂禮膜拜。妳越不在乎，男人越知難而上。

在港劇《金枝欲孽》中的爾淳就是一個懂得男人心的聰明女人，她認為，討好男人最笨的辦法就是百依百順，那樣的話皇上很快就會索然無味。聰明的辦法則是若即若離，讓他可望而不可即。

最厲害的一招則是始終讓他求之不得。所謂若即若離也好，求之不得也罷，其實就是在男人面前擺「迷魂陣」，保持一定的神祕感，不讓他一下子看透她。每當皇上主動接近她一次，她就欲擒故縱一番，在鉤心鬥角爭風吃醋的皇宮內院，萬千佳麗爭先恐後投懷送抱，她卻反其道而行之，欲語還休，欲拒還迎。結果皇上的胃口被吊得高高的，神不知鬼不覺地就被這個頗有心計的小丫頭給灌了「迷魂湯」。

聰明女人從來不會讓他感到自己已完全被他馴服，她

們擅長和男人玩貓捉老鼠的遊戲。妳得讓男人覺得是他在追妳，用這種若即若離的距離感來吸引他不斷的發現，並且讓他在發現中不斷驚喜。

為什麼得不到的才是最好的

《伊索寓言》中記載了這樣一則故事：

一天，一隻饑餓的狐狸出來找東西吃，牠已經一天沒吃東西了，肚皮早已餓得扁扁的。忽然，牠看到路邊葡萄架上掛滿了沉甸甸的葡萄，看的狐狸的口水都快流出來了！可是葡萄很高，牠吃不到，怎麼辦呢？對了，跳起來不就可以吃到了嗎？於是，狐狸向後退了幾步，猛地跳了起來。可惜，還差一點點。再試一次，還是吃不到，而且差得越來越多，於是只好放棄了。

臨走之前，牠安慰自己：「這葡萄一定是酸的，不吃也罷。」

上面的這則寓言就是「吃不到葡萄說葡萄酸」的由來。但吃不著的葡萄真的是酸的嗎？男人們會認為吃不著的葡萄是甜的。

男人普遍承認：「你總是想要你得不到的東西。」一個女人如果擅長和男人玩貓捉老鼠的遊戲，若即若離，忽遠忽

近，從來不會讓他感到自己已完全被他馴服，男人就總想著把妳徹底搞定，不達目的絕不輕饒妳。就像我們看見一個神祕的山洞，就總想進去探索一樣，女人的「深不可測」，同樣能激發男人的好奇之心。也因爲他沒有找到完全佔有妳的感覺，他就永遠不會停止對妳的追求。而對於一個過於溫順的女子，不費吹灰之力就拜倒在他的「雄威」之下，他雖然會爲此得意不已，但不久就會乏味厭倦，開始心猿意馬地想要尋找下一個獵物。

歷史上總有一些愛情名作會讓女人感動得不知所措，可是這其中就不乏有一些作品是愛情的神祕感造就的，先讓我們來欣賞一首情詩。

袖底風·綠袖

Alas my love you do me wrong.	我思斷腸，伊人不臧。
To cast me off discourteously.	棄我遠去，抑鬱難當。
I have loved you all so long.	我心相屬，日久月長。
Delighting in your company.	與卿相依，地老天荒。
Green sleeves was all my joy.	綠袖招兮，我心歡朗。
Green sleeves was my delight.	綠袖飄兮，我心癡狂。
Green sleeves was my heart of gold.	綠袖搖兮，我心流光。
And who but my Lady Green leeves.	綠袖永兮，非我新娘。

I have been ready at your hand.	我即相偎，柔荑纖香。
To grant whatever you would crave.	我自相許，捨身何妨。
I have both waged life and land.	欲求永年，此生歸償。
Your love and good will for to have.	回首歡愛，四顧茫茫。
Thou couldst desire no earthly thing.	伊人隔塵，我亦無望。
But still thou hadst it readily.	彼端箜篌，漸疏漸響。
Thy music still to play and sing.	人既永絕，心自飄霜。
And yet thou wouldst not love me.	斥歡斥愛，綠袖無常。
Green leeves now farewell adieu.	綠袖去矣，付與流觴。
God I pray to prosper thee.	我燃心香，寄語上蒼。
For I am still thy lover true.	我心猶熾，不滅不傷。
Come once again and love me.	佇立壟間，待伊歸鄉。

　　這首歌被一位才女以詩經的格律翻譯出來，發佈到網上。在妳被感動的同時，不妨瞭解一下這首情詩的作者以及寫作背景。

　　亨利八世是一個相當暴戾的男人，一生娶了六位妻子，厭倦一個殺一個。直到某一天，他在郊外狩獵的時候，遇到了一個女孩，她披著金色長髮，太陽光灑在她飄飄的綠袖上，美麗動人。只一個偶然見面，他們眼裡，就烙下了對方

的身影。但她知道，他一旦得到她，他就厭倦她如別人，她也難逃一死，唯一的辦法是選擇逃離。她躲了他一生，他卻愛了她一生。他命令宮廷裡的所有人都穿上綠衣裳，緩解他的相思，而他自己則創作出了這首感人的情詩。

亨利八世對這位姑娘的癡情讓不少女人感動得一塌糊塗。可是，細想一下發現，這其實從另一個角度展現了男人在愛情中的心理：得不到的，才是最好的。終其一生，他不曾得到她，一瞬的相遇，從此成了永恆。

欲擒故縱，吊足他的胃口

都說男人不壞女人不愛，那麼反過來說，知名兩性作家曾子航在他的《女人不狠地位不穩》中則說出了這樣一句話：「女人不賤，男人不愛。」

要問男人最鍾情哪一種女人？許多人腦海中冒出的第一個答案是擁有傾國傾城美貌的西施，想到的第二個答案會是溫柔賢慧的持家女。這種答案完全忽略了男人對得不到的女人產生的「甜葡萄」心理，也忽略男人天生的「犯賤」心理。

男人最鍾情的女人是那些會吊自己胃口的「賤」女人，欲擒故縱、若即若離反而會讓他的感情升溫。男人會認為，自己沒有得到的東西更有誘惑力。如果愛情來得太容易，他就會因此喪失激情。打個比方，如果男人是一隻小貓，那妳就當他鼻尖上的一塊魚好了，只有這樣，他才能始終保持著對妳的渴望與追求。

《鹿鼎記》中，韋小寶娶了七個老婆，個個貌美如花，然而韋小寶最愛的還是一直對他若即若離的阿珂，金庸在原

著中這樣寫道：「韋小寶一見這少女，不過十六、七歲，胸口像被一個無形的鐵錘重重擊了一記，霎時之間唇燥舌乾。心道，我死了，我死了，這個美女倘若給我做老婆，小皇帝跟我換位也不幹。」

在韋小寶的七個老婆中，阿珂是他追得最爲辛苦的女人，阿珂的喜怒無常讓韋小寶難以駕馭，正是這樣才讓韋小寶成天朝思暮想、肝腸寸斷，甚至發下毒誓：「皇天之上，后土在下，我這一生一世，便是上刀山下油鍋，千刀萬剮，滿門抄斬，大逆不道，十惡不赦，男盜女娼，絕子絕孫天打雷劈，滿身生上一千零一個大疔瘡，我也非娶妳做老婆不可。」

阿珂無疑是一個「跩」女人，面對韋小寶的百般糾纏，始終保持著自己的那份高貴，而越是這樣，韋小寶對她的熱情追逐就越是來勁。如果女人在面對自己心愛的男人都能像阿珂一樣，有意保持若即若離的距離，讓他看得到，卻摸不著，心癢難耐，那麼在他心中，妳就是那顆得不到的甜葡萄，不用說，這個男人註定是妳的囊中之物。

知道了「女人不跩，男人不愛」的這個道理，女人要想追到心儀的男人，讓他乖乖走進妳的愛情陣地，不妨學學《孫子兵法》，對他耍點「欲擒故縱」的小詭計，自己「跩」一點，讓他覺得妳不完全屬於他，因而害怕失去妳。

　　不要把男人看得太緊，因為男人通常會很害怕被綁住。而且，妳也不要給男人一種好像妳離不開他的感覺。妳得讓男人有自己的空間，這對你們的關係有益無害。人是矛盾的，妳越顯得不在意，男人反而會加快步伐圍著妳、追求妳。

　　小靜就是一開始對心儀的優質男施以「欲擒故縱」的態度，反而激起了這個男人的狩獵欲望，積極地展開對她的追求。

　　有朋友問小靜的男友：「以前可沒見過你這麼主動追女孩子的啊，這次怎麼這麼積極？」

　　小靜的男友一臉幸福地說：「她總是讓我捉摸不透，讓我特別想要去瞭解她，想要融入她的生活。我有好幾次約她的時候，她總是說與朋友約好了去逛街，或者說她今天只想靜靜地一個人在家……這讓我感覺，她與我以前認識的女孩子不一樣。而先前的那些女孩子，會不顧一切地扔下所有的事跑到我身邊，但她從不。坦白地說，她這樣做正好激起了我的欲望，我感覺她就是我所需要的那個女人。」

　　許多男人都承認，他們對送上門的女人，還有那種對他太好的女人都不會珍惜。女人給男人無微不至的關照，反而

只會換來他的離去，離去理由一般都是：「妳對我太好了，讓我承受不起，妳應該去找一個比我更好的男人。」

這時，妳只能啞口無言，難以挽留他。

所以說，對男人，一味地付出並不見得是好事，學會吊吊他的胃口，在愛情中「賤」一點，才是真正的愛情高手所為。

「壞女孩」
讓男人享受追逐的快感

　　男人喜歡「壞女孩」，是因為她們很懂得「吊」男人的胃口，讓他們有一種追逐的快感。相反，那些乖乖女總是言聽計從，一追就到手，結果倒讓男人興味索然。

　　男人總有一種「便宜沒好貨」的意識，越難追的女孩他們會覺得越有價值，女孩越容易到手反而越沒有成就感，幾天之後就膩煩了。

　　關於男人的這一心理，我們還可以從其他方面得到印證。比如，男人喜歡激烈的競爭，他們喜歡賽車、競技比賽和狩獵。同樣，在愛情方面他們也著迷於貓捉老鼠的遊戲。這是兩性之間最基本的差異。女人通常追求一種相互承諾的情愛關係，並以此作為最終目標；男人則不然，他會認為，接近目標的過程是最刺激的。

　　如果一個男人發現了自己喜歡的東西，他就會去追求，而追求本身會讓他的欲望更加強烈。如果他不能馬上得手，就會更加急不可待。欲望完全攫取了他的心，也使他對自己所追求的東西產生更豐富的聯想。

那些過於乖巧的女孩，是很容易被男人追到手，但這無異於給追求的過程潑了一盆冷水。這就如同玩撲克牌，假如剛一開局他便大獲全勝，就意味著他整個晚上的使命已經結束。

反之，如果他的贏局來得非常慢，一開始總是勝少負多，就是烈馬也難以把他拉走，因為他總覺得自己很快就會贏，他離勝利只有一步之遙了。雄性爭強好勝的心驅使著他，讓他留下來繼續戰鬥。

比如，一個男人和自己的夥伴外出狩獵，他們離家已經整整一個星期了，每天睡在邋遢的睡袋裡，還要飽受蚊蟲叮咬，果腹的食物連監獄的犯人也不願動一下，然而，他們一直堅守著。這到底是為什麼呢？只是為了狩獵之樂。如果他獵獲一隻馴鹿，回家時就會比一隻開屏的孔雀還要驕傲。反之，如果別人把一隻馴鹿免費送上門，他可能連看都不看一下。事實上，女人主動追求男人，就如同送鹿上門，讓他們興味索然。

當然，被男人追求的女人也不必過於矜持，應該漸漸接受他，讓他做一個真正的男人，給予他追逐的快感。並且，這個尺度一定要把握好，最好永遠別讓他感覺到妳已經在他的掌控之中，這樣他永遠都不會停止對妳的追求。

一般來說，女人都能夠理解勞逸結合的概念，知道平

衡家人與朋友的時間，但在面對一個男人的時候，乖乖女就會失去所有的平衡感，而讓這個男人佔據了一切。不過，在「壞女孩」那裡，男人只是生活的一部分而已，她會讓生活的其他部分完好無損。

比如，男友打電話給「壞女孩」：「妳現在在幹什麼？」

她回答道：「嗯，我剛才在跟一個女友看電影。」

她的高明之處，就是用了「剛才」這個詞。

接著，他會說：「想見個面嗎？」

她會停頓幾秒鐘，然後說：「那好吧。」

男人總想把妳變得隨和一些，這再自然不過了，因為他想讓情況對他更為有利。與此同時，他還會想盡一切辦法讓妳就範，比如，他會對妳說下面這些話，向妳施加壓力：「我不喜歡按計劃行事。」、「我喜歡無拘無束。」、「我喜歡憑直覺做事。」

面對這種壓力，乖乖女與「壞女孩」的一個重要區別就在於：她們會為對方放棄多少自我。如果與男人臨時有約，乖乖女經常會推掉之前與朋友的約定，「壞女孩」則不然，她會恪守先前的約定。

總之，「壞女孩」就像蜜桃一樣香甜，不過，每個蜜桃裡面都有一粒堅硬的核。這意味著，當一個男人無禮時，她

並不會言聽計從的屈服，而是有自己的主張。因為她知道，一個優秀的男人，絕不會想要一個他能完全主宰的女人。講一點自尊，講幾個條件，並沒有什麼錯。如果妳能自重，那他也會逐漸買妳的帳。

女人玩神祕，男人被吸引

男人到底喜歡什麼樣的女子？美女？淑女？才女？讓我們來看看測試的結果吧。

美國一家時尚雜誌曾經針對經常出國旅遊，且年齡在二十五到三十歲之間的五百名單身男士作過一項很有意思的調查：什麼樣的女人最吸引你？

親切可愛的美國鄰家女孩

熱情奔放的法國性感女郎

溫柔體貼的日本家庭主婦

神祕妖嬈的阿拉伯酋長之妻

答案出乎意料，在美麗、可愛、性感、溫柔、神祕等女性吸引男性的諸多特質中：神祕當仁不讓地排在了第一位。百分之七十以上的單身男士不約而同地選擇了神祕妖豔的阿拉伯酋長之妻。這些男士給出的理由如下：阿拉伯女人出門在外總是裹得嚴嚴實實的，除了一雙眼睛，其他地方看上去

都那麼「雲山霧罩」，太讓人浮想聯翩了。

這真應了上一篇文章的觀點：距離產生美感，神祕產生大美。男人最喜歡的，終歸還是那種他們猜不透拿不準的神祕妖精。一個再漂亮的女孩，缺乏了吸引男人的神祕感也是沒有用的。

叮噹就是這樣一個女孩，走到街上的回頭率都是百分之八十以上，是很難得的美女。但奇怪的是，她的戀情總是觸礁。有一天她又告訴朋友她失戀了，要朋友陪她去咖啡廳坐坐。聊了很久之後才發現癥結所在，她就是太誠實了，什麼都會跟男友講，連過去的情史都一五一十地告訴男友。

叮噹的做法犯了戀愛的大忌，他對妳的過去瞭若指掌，不僅會一直記住，而且也會因為神祕感喪失而失去興致。聰明的女人永遠只說七成，留三成讓對方揣摩與遐想。

在一個時尚名媛俱樂部的活動裡，在談到男人都喜歡什麼樣的女人時，一個很有派頭的中年老闆冷不防地說出了六個字：「藏得住，摸不透。」頓時引來陣陣掌聲。女人要想長久地吸引男人，靠的不是驚人的美貌，也不是溫順的性格，更不是非凡的才華。而是那種男人無法掌控的危險氣息，能滿足他們狩獵的欲望。她們深藏不露、飄忽不定、捉摸不透，卻最能讓男人勾魂攝魄，魂牽夢繞乃至牽腸掛肚。

女人神祕的內心世界，是男人追逐的目標。神祕的女人

對男人來說，就像撒哈拉沙漠，就像埃及金字塔，高深莫測又極具誘惑。這也符合佛洛德在《愛情心理學》一書中分析的，男人為什麼總是會不由自主地愛上「危險的壞女人」，因為危險就意味著挑戰和刺激，他們的狩獵心理被神祕女人完全挖掘出來，男人總是會想：不入虎穴，焉得虎子！

　　妳越神祕，他越好奇，妳越被動，他越主動。真要有一天，妳在他面前一覽無餘了，他反倒擺出一副大功告成的樣子，準備撤兵了。

　　聰明的女人深諳「猶抱琵琶半遮面」的東方式唯美，而不是像無知女孩那樣一味地展現「接天蓮葉無窮碧，映日荷花別樣紅」的絢爛和豔麗。有的東西，太沒有餘地了，就像是一眼見底的白開水，沒有了可以期待的韻味，讓男人失去了探險的興致，那麼妳女人的寵期也就到了。

對視覺動物的感官勾引

有不少讀者看過《男人來自火星，女人來自金星》一書後都感慨，要是早看到就好了。因為大多數人都不曾意識到，男人和女人是來自不同世界的動物，用本星球上的邏輯來對待外星人肯定是會出問題的。所以，男人和女人的糾葛從來就沒有斷過。

男人天生好色，他們對女人首先要求的是外表漂亮，學識和性格倒是其次。

很多男人都會辯駁說：「錯了，我要的是一個賢淑溫柔的老婆，不是那種妖嬈的女人，我最注重的是性格和脾氣。」

但在實際上，也許連他們自己也沒有意識到自己最看重的是女人的外表。

大部分男人託別人找物件的時候，總是脫口而出：「長得怎麼樣？」

如果在第一眼就覺得對方不合「眼緣」，以後也就再也不會對這個女孩提起興趣了。男人在本質上是感官動物，更

容易被欲望所驅使和支配，遇到來自異性的誘惑，他們往往是難以自持，欲罷不能。他們無時無刻不在期待和渴望這樣的誘惑。他們喜歡狐狸精女人，因為狐狸精女人能夠給他們的淑女妻子不能給予的誘惑和滿足。

不可否認，並不是每個男人都要求女孩長得美如天仙。他們也會考慮性格和脾氣的因素。在男人心目中，一個外表九十分、脾氣七十分的人，並不是一定勝過一個外表七十分、脾氣九十分的人。一般情況下，只要外表在合格以上，脾氣就是決定性因素了。

男人最忌娶一個「潑婦」，脾氣壞到極點、自私到極點的女人，男人是敬而遠之的。需要注意的是，這些都是在外貌過關之後才考慮的問題。外貌，起碼是男人們考慮的第一因素，只要長得好看，即使學歷、工作、家庭環境等條件差一點，大部分男人還是會接受的。從某種意義上說，男人屬於視覺動物，女人則是聽覺動物。男人感受世界多用眼，而女人習慣於用心聆聽這個世界；男人看到的是客觀的世界，充滿物質的社會，而女人用心感受到的是一個充滿情感色彩的世界。曾看到這麼一個故事，一個愛好標新立異的男人決定結婚，他有四個選擇物件：平凡才女（才華橫溢）；商界奇女（精於投資）；鄰家乖女（擅長理財）；性感舞女（陪舞不陪睡的舞女）。那個眼光卓絕的男人說：要是四合一該

多好。最後他毫不猶豫地選擇了女。

男人感興趣的是女人，而女人注重的卻是愛情。如果不明白兩性這種本質上的區別，男女就很難溝通。爲了測試男女反映的差異，美國亞特蘭大一所大學的教授，曾對四名研究生進行測試，要求他們必須一直盯著螢幕上的色情圖片看，然後測試他們的手指流汗程度。得出的結論完全是意料之中的，男性的反應明顯大過於女性。該教授說：「我們發現，在腦部特定區域，男性的反應比女性更活躍。男性在兩側的腺體和中間的丘腦下部都比較活躍，而女性在同樣的區域卻沒什麼活動。」

當然，男人看色情圖片就興奮不已並不代表男人只喜歡看裸女。

有研究顯示，女人吸引男人最好的方式是欲遮還脫、欲拒還迎，這樣才能激發起男人的好奇心和征服欲。女人真要在光天化日之下脫得一絲不掛，男人反倒膽戰心驚裏足不前了。好萊塢自古盛產脫星，但真正享有「性感女神」稱號的則是從未在銀幕上袒胸露乳的瑪麗蓮·夢露。她最經典的性感鏡頭就是：一陣微風襲來，白色的裙子悄然翻飛，她身體前傾，雙手遮掩。含羞的表情毫無低俗的色情、下流的挑逗，卻吸引住了全世界男人的眼光。因爲夢露和打造她的好萊塢片商們太瞭解男人了：妳越躲躲閃閃他越是勇往直前，

妳越遮遮掩掩他越想探個究竟，妳主動脫個精光，他反而索然無味了。

　　這也許就是我們常說的「花要半開，酒要半醉」的意境，那種猶抱琵琶半遮面的勾引才是最高境界。

距離產生美，神祕產生大美

　　生活中存在很多這樣的愛情現象，許多女人都在疑惑，為什麼男人一旦擁有了自己，就不像以前那樣愛自己了，那就是因為雙方一旦進入這種狀態，就開始要求對方什麼都要向自己開放、坦白，不允許對方有隱私。妳不再神祕，他沒有想探尋妳的願望了。所以，他就要開發新的神祕目標了。有人曾說，枕上無英雄，枕上也無美女，天天在一起，原形早晚要畢露。當一個女人失去了在男人心目中的神祕感，也就讓男人失去了繼續探索的興趣，也就漸漸由「女神」下放成了路人甲乙丙丁。

　　女人，在甜蜜愛情的同時，別忘了在自己和心愛的他之間保留一層朦朧的面紗，給他一種霧裡看花、水中望月的神祕美感，讓男人永遠覺得妳是一本百讀不厭的書。變，一刻不停地變，將自己的心靈不斷地放逐，將自己的外表不停地遷徙，永遠保持著神祕感。這是給男人最好的禮物，也是女人保持魅力的最好手段。

　　當兩個原本陌生的人第一次交流，對彼此都充滿了好

奇，言談中充滿了試探，努力想要探聽對方的情況，這是人之常情。但是，對方一旦瞭解了妳的全部，對妳的興趣也會隨之急速冷卻。因此，要使每次約會都有新鮮感並使他一直對妳抱有興趣，一定要在戀愛期間保有一點神祕感，讓他對妳有尚不明白、尚搞不清楚的部分。

例如，妳與一位男子之間關係已經很親密了，但在他侃侃而談時，妳突然視線移開，陷入沉思，或者無意識地移動一下位置，拉開與他的距離，卻又在注意聽著。這些都會使這位男士增加對妳的神祕感和好奇心。即使第一次見面，他也會對妳留下深刻的印象，而產生第二次、第三次見面的欲望。如果妳也正有「此意」，那麼這種若即若離的態度會使妳像一塊磁石一般，將他越吸越緊。

「神祕感」的另一層含義是「新鮮感」。當一個女人在男人的眼裡失去了神祕感，也就失去了新鮮感，而從哲學意義上來說，喜新厭舊又是人的本性，無論是男人還是女人都是一樣的。喜歡新事物，而對習以爲常的事情不感興趣，這是人之常情。問題在於怎樣使妳總是「新」的，怎樣保持妳的神祕感，只需三分神祕，就能成全他的萬般想像，吸引他的探索欲望。留點祕密給自己，多了一份魅力。要想使自己的魅力保持得更長久，適當地保留一些祕密，這也是一種生活的藝術。

女人一臉嬌羞，男人一陣心跳

韓劇《星夢奇緣》中，男主角江民之所以愛上女主角漣漪，正是源於她時時流露出的嬌羞女兒姿態，讓他內心騰升出一股想要擁她入懷，終生呵護她的欲望。嬌羞的漣漪，儘管她也深深地愛著江民，但她總不敢像時下的熱情奔放型女孩一般，大膽將內心的愛意說出口，而總是將那份深深的愛埋藏心底。她和江民相處了那麼久，只有唯一的一次告白，那是在相思之苦的煎熬下，才讓一句「你知道我有多想你嗎？」脫口而出，讓江民為之動容。雖然漣漪不擅長用言詞表白自己的愛意，但她含情的眼神、緋紅的臉頰和溫柔的笑容，卻在默默地向江民袒露心跡，告訴這個優秀的男人她有多愛他。

許多時候，女人一臉的嬌羞反而勝過了無數的情話，讓優質男的心怦怦跳動不停的嬌羞女人，在男人的眼中有一種別樣的魅力，令他們魂牽夢縈，欲罷不能。有男人愛煞女人一臉嬌羞的表情，曾寫詩讚道：「姑娘，妳那嬌羞的臉使我動心，那兩片緋紅的雲顯示了妳愛我的純真。」

　　就連著名詩人徐志摩都寫詩讚歎道：「最是那一低頭的溫柔，像一朵水蓮花，不勝涼風的嬌羞。」

　　知名作家老舍先生也以為：「女子的心在羞恥上運用著一大半，一個女子的臉紅勝過一大片話。」

　　嬌羞是女人獨特的美麗，它是一種青春的閃光、感情的信號，是被異性撩動了心弦的一種外在表現，是傳遞情波的一種特殊語言。當心儀的他出現眼前，小女人內心深處的一顆心不由自主地悸動，反應到臉上便是一臉的羞澀，紅暈爬上了青春美麗的臉龐，似一種無聲的誘惑語言，撩動了優質男內心的愛情之弦。當女人知道了羞澀對男人的魅惑力，便學會了在臉龐塗抹淡淡的紅色胭脂，似一抹羞澀的紅雲，男人看在眼裡，心裡愈發蕩起層層的漣漪。

　　嬌羞朦朧，魅力無窮。嬌羞猶如披在女人身上的神祕輕紗，增添了一種迷離朦朧的美感，這是一種含蓄的美，是一種蘊藉的柔情。溫柔似水是大多數女人的天性，純真善良是女人應有的品質，而嬌羞正是二者的結合與表現。嬌羞的女人是春天的草，想探頭，卻似露非露；嬌羞的女人是清晨的霧，朦朦朧朧，似古時的女子，掩袖遮那頰上的彩雲；嬌羞的女人是山中的泉，清清澈澈，碧碧甜甜，清涼心間；嬌羞的女人是天上的月，看似好近，實則好遠，只能視作風景欣賞靜靜存放心裡面；嬌羞的女人是一縷風，柔柔拂面，情不

自禁伸手去抓，卻又空空然然。嬌羞的目光清澈如皎潔的月光，嬌羞的潮紅明豔如含露的花瓣，嬌羞的語言含蓄委婉地傳遞女人的蘭心蕙質。

　　嬌羞的女人，美在含蓄，美在執意，美在意境，美在精緻，美在柔情，美在朦朧，美在善解人意，美在情在心中，美在心靈唯一，這樣的美，是自然的美，是內心最最真實的心境美。只有這樣朦朧的美麗，才能牽扯著他的魂魄，讓他日思夜想，惦記在心的中央。

　　一個久經情場的女孩，也許看慣了風花雪月的故事，也玩膩了男歡女愛的遊戲，甚至對於愛情，她不再抱有過多的奢望了，但是作為一個女人，妳終究要矜持。無疑，女人是虛榮的，越多男人追求她，她的虛榮心就越能得到滿足。但是這種反反覆覆的遊戲後，最終她能得到什麼呢？安靜下來，才發現圍繞著她的只有無盡的空虛，這是多麼頹廢的愛情生涯！

　　作為一個女孩，毋庸置疑，妳的一生將會陪伴一個男人度過，而男人最喜歡的莫過於矜持的女人。與矜持的女人在一起，男人才會真正懂得為什麼女人需要男人去珍惜、去尊重；只有矜持的女人才會讓男人知道，這個世界還是有好女人的。

　　矜持是人的一種素養。一個有內涵的女孩，她的生活字典裡是少不了「矜持」這兩個字的。何謂矜持？矜持是一種羞澀，也是一份清高，是對自己的愛護和尊重，那是人的一種高貴優雅的姿態。正因為有了這樣的一種矜持，才使人覺

得這個女孩真是一個有氣質、有涵養的人。

因為矜持的女人是婉約的，是高貴的，她的低吟淺笑間就能夠流露出一種賞心悅目的溫和，女人的矜持便好似一條內斂、深邃的小溪，她也許沒有你理想中的那種浪漫、婉轉，卻在她目光流轉的神思裡，你能領略到某種浪漫的滋味。你能說她不懂浪漫嗎？矜持女人的浪漫，是要能懂得欣賞的男人才能欣賞到的。一個矜持的女人，是一棵專心的秋海棠，她的所有激情與浪漫，都只為她期待的那個男人而綻放。矜持的女人是傲氣的梅，她驕傲卻不冷漠，也許她的外表很冷，但是卻不失一種「酷酷」的感覺。

矜持的女人原來最是時尚，她知道如何在傳統與新潮的思想中遊走。對於該保持的傳統，她絕不輕易放棄；對於該放棄的所謂時髦，她絕不吝嗇。所以她的矜持，永遠為她的美麗和魅力做了一道加法；矜持的女人，其本身便是一道優雅的風景線。

一個毫無矜持概念的女人是不堪想像的，唯唯諾諾，無是非意識，為了自己的男人做牛做馬都心甘情願，毫無怨言，妳以為這樣那個男人就對妳無法挑剔了？實際上剛好相反，妳的作用，只是充當了一個雇傭，或者是老媽子，一個男人要一直生活在老媽子的臂彎裡哪能活得瀟灑、活得恣肆呢？男人別說感受到愛，生活的趣味也全無了。

女孩總要懂得矜持。矜持，永遠是女人的最高品味，好男人就是在矜持女人的薰陶下所成的產物，矜持女人是不怕找不到理想男人的。但最後要切記：矜持也要有限度，過於追求矜持，則必致反。

每個男人都渴望
身邊有一個愛自己的女人

　　男人從本質上來說其實就是個孩子，終生都要扮演孩子的角色，女人對此必須加以認識。

　　男人有時像個喋喋不休的孩子，下班回來急於把一天發生的大小事說給女人聽，等女人褒獎、評議和同仇敵愾。

　　男人有時像個天真好奇的孩子，問一些不著邊際的問題，還會像孩童一樣提出一些小要求，讓女人不忍拒絕。

　　男人有時像個被寵壞的孩子，承受不了挫折打擊，甚至是一句過分的話，看著他痛苦的眼神，女人會心疼得不知怎樣遷就寵溺他。

　　男人有時像個嬌氣的孩子，當他在哪裡跌傷、碰傷了，他希望女人能憐愛他，珍惜他，哪怕只是握住他的手，輕柔地問：「疼嗎？」他當然明白女人不是醫生，但他有把握女人是多麼珍惜他。他就要女人關注他一下，最好還有緊張的痛惜。

　　男人有時像個受委屈的孩子，他不願像一隻受傷的動物躲進叢林獨自舔傷口，而是可憐巴巴無助地望著女人，等候

女人的憐愛和撫慰。

更多的時候，他說不出原因，也許是對一些事物力不從心的挫敗感，也許是工作上的糾葛纏繞，也許是情緒的死結無計可解，總之是茫然、無奈、束手無策，苦惱得簡直不知如何是好。這時候他也想哭，儘管眼淚對於一個男人來說，實在是過於不爭氣的一件事，但某些時刻非此不可。因為他心裡已經蓄滿淚水，不讓它溢出來，會把他淹死。他想到一個沒人的地方，或是痛痛快快地哭，像個耍賴的孩子；或是一聲聲地哭，像個迷途後再見到母親的孩子；或是把臉埋進妳手中，把頭枕在女人膝上靜靜地流淚。

男子漢的眼淚無損於他男子漢的形象，反而添了幾分人性，女人的心都會被它滴穿。正如《男人哭吧，不是罪》中唱的一樣，男人的眼淚有滴水穿石的力量，會讓女人更心疼，更憐惜，激發女人潛在的母性，給予男人慈母般的安撫與寬慰，這樣會讓男人覺得放鬆與愉悅，會更從心底依賴自己的女人、愛自己的女人。

只要足夠細心，女人就會發現，男人都很喜歡接受女人主動的愛撫，那是在男人潛意識中一種正在撒嬌的感覺，就像在母親的懷抱裡的感覺。男人在成年後，很少能有孩童時期那時被大人成熟而有力的關愛的感覺，這一點，他卻能夠在愛人之間，尤其是在女人主動的愛撫中體會到。

所以，當女人主動愛撫男人時，看到的是他不同於其他時候的溫情和舒適的樣子，而女人，很有可能就會不由自主地產生母愛的本能，進而更加疼愛自己懷抱中的那個大男孩。

　　無論男人多少歲，他心底總會隱藏著要女人疼愛的欲望，佛洛德認為這是男人的「戀母情結」。其實這種欲望只是男人的一種天性和本能，並伴隨他的一生。哪怕是平日裡再成熟穩重的男人，也會偶爾流露出孩子的神態，此時，千萬不要嘲笑譏諷他，愛一個男人，就要做他的情人、朋友和母親，心疼他、憐惜他、照顧他，不離不棄。

　　愛得深了，潛在的父性或母性就會參加進來。只是迷戀，並不心疼，這樣的愛儘管熾熱，卻缺乏深度，多半不能持久。女人應該明白，如果妳打算與一個男人共度一生，就必須同時是她丈夫的情人、朋友、女兒和母親。一個母性淡薄的人，也許會是好主婦，但絕不會是好妻子，就因為——男人永遠是孩子。

　　把自己的男人當個孩子，他會永遠依戀妳，陪在妳身邊，也會為妳遮風擋雨，為妳撐起一片明朗的天空。

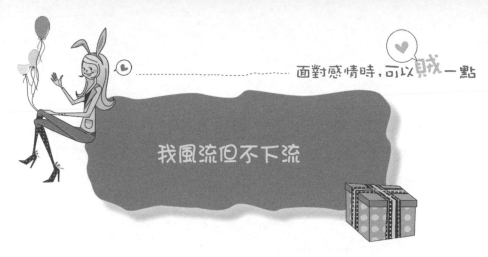

我風流但不下流

男人們認為能和辦公室的眾美女打情罵俏,進行一兩場「精神戀愛」,有三、兩個「紅顏知己」,或者深夜在網上和一個化名××寶貝的女性說一堆胡話,皆與色情無關,並且這還是他們津津樂道、證明自身魅力的資本。但自詡風流的男人,最後難免會有一個最落俗套的結局——和女人上床。他是不是真「風流不下流」,就只有天知道了。

我是一個真正的紳士

男人在公共場合,特別是有女人在場的時候,總是風度翩翩、紳士味十足,但在家裡,可能臭襪子塞在鞋裡二、三天也懶得洗,打牌時滿口髒語,和老婆吵架不比任何一個街坊潑婦口拙舌笨。

我永遠忠實於妳和家庭

如今找個絕對忠誠的男人不比中六合彩容易,男人說謊的水準和藏私房錢的經驗和心得,可以寫成一本書。他們還

說：「情人如衣服，一輩子總要換幾件。」他肯陪妳上街，是因為滿街都是美女可打量；他和妳擁抱時，心裡嘀咕的是妳的腰比跟他一起跳舞的小姐粗了一倍。

我會用我的一生來愛妳

這話很讓人感動，不過它的存活期略長於曇花。這些男人很懂得女人的心思，並能很適時地迎合，他們是女人特別是少女的危情殺手，使用的武器正是無微不至的照顧和柔情似水的體貼。

有一位男士每天都給辦公室那位小姐帶來一個蛋糕，以示關愛，週末還外加一束玫瑰花，半年下來，那位小姐成了他的女朋友。他四兩撥千斤的情場絕技讓人佩服，試問一下，哪位老公有耐心為老婆一餐不缺地買半年早點？

在日常生活中，男人的謊言已形成具體的套路和模式，只要他們一說到這種話，我們可以馬上懷疑它們的真實度，判斷他們是否在撒謊。

比如：「幾小時前我給妳打過電話，不過電話佔線（或妳沒接）。」這類小謊一般是男人的藉口，當他忘了給妳打電話，或者約會遲到，或者沒能在晚餐之前買回排骨、蔬菜時，為了避免妳的嘮叨，他會撒個小謊來應付了事。

　　如果說前面這些謊言是男人們不自覺說出來的，多少還帶點真誠的話，那麼另一些謊言則是明知故犯，有意誤導妳了。

　　比如，他們平時大力提倡男女平等，說喜歡外向活潑的女人，但如果妳在認識他一個月內就與他上床，儘管是他主動的，他也會認為妳是個「不檢點」的女人。

　　如果男人對妳說「我會定個時間與妳約會」，卻沒有這樣做，他不是忘記或遺失了妳的電話號碼，只是不想再追求妳或與妳保持任何聯繫。

　　妳長得胖，他說他就喜歡楊貴妃；如果妳長得瘦，他就說喜歡趙飛燕，實際上他是在說謊話。身體任意一個部位出了毛病，男人嘴上會說：「沒事！」實際上心裡極度恐慌。

　　他們不願在公開場合聽到伴侶用親暱的稱呼叫自己，但背地裡卻喜歡妳叫他的暱稱、小名，甚至像「甜心」這種肉麻的稱呼。

　　「我出去買菸，很快回來！」實際上是他的手機上已出現其他女人發的簡訊，他想去給別的女性打電話。對於不吸菸的男人，他會編出類似的其他謊言，很多時候他會用外出買東西等作為藉口。

　　「我在火車裡，沒接到電話。」說類似臺詞的男性，大多是不想與對方在一起，又或正與其他女性在一起。為了不

想被兩邊的女性知道還存在另一個女人，因此不願接電話，而且他們還會把訊息刪掉。

男人撒謊一般都與他隱匿的豔遇有關，特別是與性有關——無論是隱瞞性醜聞，還是開始性冒險，男人說謊最頻繁、最無恥。而一旦男人開始說謊，隨後便一發而不可收，直至後來自己也辨不出真偽。

為什麼女人喜歡「虐待」男人

　　說到虐待，我們一般都會把女人作為被虐的物件，在一些文學作品或影視作品中，甚至大多數新聞報導中談到暴力事件，都是說男人怎樣虐待女人，很少聽到說女人虐待男人。有人會說，這很正常嘛，女人屬於弱勢，當然是被虐待的物件。

　　其實，我們都被女人「弱者」的假像騙了，女人的虐待傾向比男人要嚴重得多。且不說歷史中那些狠毒的女人是怎樣殘暴地虐待她們仇人的，單是和她們談戀愛，就可以發現女人的虐待心理，她們採用的虐待方式，往往是一種「殺人不見血的刀」。

　　比如，我們親身體會也好，在影視作品中見到也好，發現女人總喜歡在所愛的男人身上留下點什麼，捏、掐、咬，然後看留下的紅印，像一枚枚橢圓形的「私章」。這時候，女人往往會說，她們是為了讓男人心有所屬，自己有一種踏實感——這個男人是我的。然而，事實並非如此，這是女人虐待心理的表現。

據統計，被愛過的男人身體上留下女人的牙印和掐痕幾乎百分之百。正如印度一首著名詩歌《雨季》中所描述的，男女在情愛的纏綿中給對方的身體上留下咬痕和掐印，鮮紅如玫瑰，代表相愛的人正沐浴在愛的「雨季」中。而不少男人也非常「享受」這種被虐的樂趣。這所謂是一個願打一個願挨。

除了肉體的虐待之外，女人還喜歡在精神上折磨男人。下面我們不妨聽聽一位男人的親身體驗：

去年秋天，一位老師替我介紹了一個女友。

彼此交往數月，她在其他方面均合我意，只是她約會遲到的毛病讓我有點難以接受。每次約會她總是拖拖拉拉，姍姍來遲，少則三、五分鐘，長則半小時以上，這讓我等得痛苦不堪。

我說過她幾次，當時她也答應不再遲到，可是後來她依然「惡習不改」，不過，我也漸漸習慣了她給我這種等待，約會時她能準時的出現對我來說是一種驚喜了。

據專家分析，大多數女人都有約會遲到的毛病，這是一個見慣不怪的有趣現象。從心理學角度看，這是女人潛意識的施虐本能在作祟。

　　女人往往都有不同程度的施虐傾向，約會遲到就是女性施虐心理的一種無意識流露，或是磨磨蹭蹭、姍姍來遲，或是有意躲藏起來，讓對方等得焦慮不安、心情煩躁，備受痛苦折磨，透過這種奇特的方式，來獲得自己的心理滿足。

　　當然，女人的施虐有的可能是有意識的，有的則完全是無意識的，當事人並不都能感覺得到。在男友等得焦急不堪之際，她會突然出現，給對方一個意想不到的驚喜。

　　女人的小小施虐，其實是一種小淘氣，適度的施虐能使她們變得更有魅力，可使婚戀過程變得更加有趣。不過女人們一定要把握住這個分寸，別讓妳的「暴力」把男人嚇跑哦。

為什麼真正把男人拴住的
未必是美女

　　如果妳以為單憑美貌就能套牢男人、鎖定婚姻，那麼妳一定是個不懂男人的女人。因為在男人心裡一個善解人意的女人，抵得上一百個國色天香的美女。

　　在第二次世界大戰結束時，所有服兵役的男性都接受了一項問卷調查，其中有這麼一個問題：你急切夢想的婚姻生活應是怎樣的？令人意想不到的是，所有穿軍裝的硬漢的答案居然驚人的相似。他們對婚姻急切渴望的，並不是令人心馳神往的女性的柔美性感的身體曲線，也不是熱情火辣的刺激，只不過是再簡單不過的平凡的舒適！這個答案和一般人的想像相去甚遠，可能會令一些過份癡迷於化妝品和香水廣告解說詞的小姐們感到困惑或失望。她們會吃驚的認為：男人不是都喜歡漂亮、美麗或性感的女人嗎？

　　很多女孩不理解：為什麼天仙美女一樣的自己還會遭到男友的拋棄？不是說男人好色嗎？為什麼很多男人「美色」當前，卻寧願選擇平凡女子？

　　這不難理解：雖然男人好色，但也不僅僅只是好

「色」。男人看女人，第一眼注意到的當然是對方的相貌，然而，真正能把他的心拴住的卻未必是美女。對於男人而言，一個能夠理解自己、關心自己的善解人意的女孩，抵得上一百個國色天香的美女。雖然風月情場上的男人都是圍著那些性感美女打轉，但真正能讓男人傾心的，永遠是那些能夠和他站在同一片精神領地的女人。

哪些地方是約會寶地

陌生男女由相識到相愛，經常地約會見面，是一條讓感情從陌生到熟悉，從距離到親密的必經之路。每個人的性格不相同，每個人的情況也各異，自然，約會也各異。

當相識了自己心愛的人，約會地點的選擇卻又成了一大難題。是選擇清幽雅靜的公園，還是情調十足的餐廳，或是刺激多多的遊樂園……有些人為了選擇一個合適的約會地點左右為難，想的頭都大了。此時，不妨多聽聽一些「過來人」的意見，讓她們告訴你那些是營造甜蜜愛情的絕佳地點。

一、情調十足的餐廳

初次約會是浪漫的，為了匹配這次浪漫的約會，妳可以選擇一個情調十足的餐廳，挑一個臨窗的角落位置，避開大眾的眼光，給彼此一個更利於交談的空間。選擇什麼樣的餐廳，也向他展示了妳的生活品味。但選擇餐廳時不能光顧著情調，也要考慮為情調付出的經濟代價，量力而行。

二、速食店

曾有網友說：「現在我一看見在麥當勞門口的成對男女，我都會以爲是在相親的。」確實，現在許多人們都把第一約會地點選在麥當勞這樣的速食店，輕鬆隨意的氣氛能消除彼此的緊張感，促進雙方的交流，也不存在太大的經濟壓力。

三、清幽雅靜的公園

平日裡成天忙碌著工作，身心都陷入疲憊之中，到了週末，正好去接觸一下大自然，找一個公園去看看花花草草，兩個人沿著公園裡蜿蜒的小路漫步，聊著一些有的沒的，很自然地增進了彼此的感情。所以說，公園也是一個理想的約會地點。

四、電影院

電影院上映大片，不妨約他同去欣賞。影片最好是選擇浪漫的愛情片，比如《鐵達尼號》、《巴黎拜金女》這些經典的言情片，隱含地表達出妳的愛意，也觀察他對你們關係的態度。

五、刺激多的遊樂場

遊樂場容易使人處於興奮狀態，適合製造一種坦率而開放的氛圍，聊天的主題自然會多起來，身體也會自然地靠近起來。但也要看看對方的意思，不要表現得過度了，否則很可能弄巧成拙，令他認爲妳太過開放，起先對妳的好感蕩然無存。

六、運動場所

　　如果妳和他都非常愛運動，那麼運動場所也是比較理想的約會場所，比如體育館、保齡球館、網球場等等，最好是挑一樣他喜歡、妳也擅長的運動來玩，一來能充分展現妳的長項，讓對方感受到妳健康而青春的氣息；二來，體會著共同的愛好也是一件很快樂的事。只要兩人都玩得開心，很容易讓感情走向完美的結局。

七、一起散散步

　　在晚飯後，你們一起沿著寧靜的小道散步，聊著白天發生的一些有趣事情，夜的深邃和寧靜讓你們彼此的心貼得更近了，或許不知不覺中，他就這樣牽起了妳的手。

　　以上是一些常見的約會場所，具體選擇的時候因人而異。如果妳是個文靜的女孩，而對方又是個書生氣比較重的男孩，那麼博物館是個再理想不過的約會場合了。兩人可談

的話題也會很多，可以進一步拉近彼此的距離。如果妳和他都是好動活潑的人，可以選擇歌舞廳那樣活躍的場所，盡情釋放你們的熱情魅力，愛情的火花就是這樣碰撞出來的。

傻女孩不笨

人生視野系列 31

在複雜多變的社會中，初出茅廬的二十幾歲女人需要一點指引來清晰自己模糊的前路；需要一點提醒來為可能掉入的陷阱敲響警鐘；還需要一點鼓勵來讓自己對未來更有自信。

而二十幾歲的女人所需要的這一切精神支持，就是這本書存在的理由。

幸福掌握在自己手中

人生視野系列 32

面對機會的來臨，人們常有許多不同的選擇方式。有的人會單純地接受；有的人抱持懷疑的態度，站在一旁觀望；有的人則頑強得如同騾子一樣，固執地不肯接受任何新的改變。而不同的選擇，當然導致截然迥異的結果。許多成功的契機，起初未必能讓每個人都看得到深藏的潛力，而起初抉擇的正確與否，往往更決定了成功與失敗的結局。

女人幫幫忙：女人可以不美麗，但不能不犀利

人生視野系列 33

為什麼偶像劇《犀利人妻》會一炮而紅？因為戲裡有太多貼切感受足以引起女人們的共鳴，其中最重要的轉捩點便是謝安真婚變後的「犀利」大轉變——也就是自信與獨立。

自信的女人最美麗，自信也是獨立自主的精神前提。生活很現實，即使不做女強人，也要具備一項養活自己的專業技能，所以要站穩腳步，提升優點，發展自己，使自己盡快的成長與獨立。

剪下後傳真、掃描或寄回至「22103新北市汐止區大同路三段194號9樓之1大拓文化收」

謝謝您購買 ___面對感情時，可以賊一點___ 這本書！

即日起，詳細填寫本卡各欄，對折免貼郵票寄回，我們每月將抽出一百名回函讀者寄出精美禮物，並享有生日當月購書優惠！

想知道更多更即時的消息，歡迎加入 "永續圖書粉絲團"

您也可以利用以下傳真或是掃描圖檔寄回本公司信箱，謝謝。

傳真電話：（02）8647-3660　　　　　　　信箱：yungjiuh@ms45.hinet.net

☺ 姓名：　　　　　　　　　　□男　□女　　　□單身　□已婚

☺ 生日：　　　　　　　　　　□非會員　　　□已是會員

☺ E-Mail：　　　　　　　　　電話：（ ）

☺ 地址：

☺ 學歷：□高中及以下　□專科或大學　□研究所以上　□其他

☺ 職業：□學生　　□資訊　　□製造　　□行銷　　□服務　　□金融

　　　　　□傳播　　□公教　　□軍警　　□自由　　□家管　　□其他

☺ 您購買此書的原因：□書名　□作者　□內容　□封面　□其他

☺ 您購買此書地點：　　　　　　　　　　　　金額：

☺ 建議改進：□內容　□封面　□版面設計　□其他

　　　您的建議：

想知道大拓文化的文字有何種魔力嗎？

■ 請至鄰近各大書店洽詢選購。

■ 永續圖書網，24小時訂購服務
www. foreverbooks. com. tw
免費加入會員，享有優惠折扣

■ 郵政劃撥訂購：
服務專線：(02)8647-3663
郵政劃撥帳號：18669219